뿌리 깊은 영성

뿌리 깊은 영성

지은이 | 강준민
초판 발행 | 1998. 3. 23.
개정 1쇄 발행 | 2007. 10. 15.
개정 24쇄 발행 | 2024. 3. 24.
등록번호 | 제3-203호
등록된 곳 | 서울시 용산구 서빙고로 65길 38
발행처 | 사단법인 두란노서원
영업부 | 2078-3333 FAX 080-749-3705
출판부 | 2078-3477

▌책값은 뒤표지에 있습니다.
ISBN 978-89-531-0887-5 03230

▌독자의 의견을 기다립니다.
tpress@tyrannus.co.kr http://www.Durano.com

두란노서원은 사도행전19장 8-20절의 정신에 따라 첫째 목회자를 돕는 사역과 평신도를 훈련시키는 사역, 둘째 세계선교(TIM)와 문서선교(단행본·잡지) 사역, 셋째 예수문화 및 경배와 찬양 사역, 그리고 가정·상담 사역 등을 감당하고 있습니다. 1980년 12월 22일에 창립된 두란노서원은 주님 오실 때까지 이 사역들을 계속할 것입니다.

뿌리 깊은 영성

강준민 지음

두란노

차례

추천사_ 하용조 8
저자 서문_ "뿌리 깊은 영성으로 존재의 넉넉함을 누리십시오" 10
개정판 저자 서문_ "뿌리 깊은 영성은 예수님의 영성입니다" 14

1부 균형 잡힌 영성

1_ 비움으로 시작되는 영성 22
2_ 충만하게 채우는 영성 26
3_ 영성은 균형 잡힌 삶의 모습이다 30

2부 뿌리 깊은 영성

4_ 나무의 문제는 깊은 뿌리에 있다 36
5_ 영성 생활이란 예수님께 깊이 뿌리를 내리는 것이다 40
6_ 영성의 든든한 기반은 예수 그리스도다 44
7_ 영성 생활은 속사람을 돌보는 것이다 48
8_ 깊은 샘에서 솟아오르는 영성 52

3부 영적 성장

9_ 깊은 영성과 영적 성장 58
10_ 영적 성장의 열쇠는 은혜다 62
11_ 어린아이의 일을 버리라 66
12_ 영적 성장과 영적 지식은 비례한다 70
13_ 영적 성장은 깊은 깨달음에서 온다 74
14_ 영적 성장은 지각을 사용하는 훈련을 통해 온다 78
15_ 어린 양에서 사자로 성장하라 82
16_ 경건의 훈련은 성장을 위한 은혜의 수단이다 86

4부 영성 훈련

17_ 광야에서 만들어지는 하나님의 사람 92
18_ 기다림의 훈련 96
19_ 하나님의 때를 분별하는 훈련 100
20_ 홀로 있는 훈련 104
21_ 하나님의 음성을 듣는 훈련 108
22_ 영성 훈련의 두 기둥인 기도와 말씀 112
23_ 자아를 깨뜨리는 훈련 116
24_ 자아를 부인하는 훈련 120
25_ 목양하는 훈련 124
26_ 섬기는 훈련 128
27_ 광야는 성령 학교다 132

5부 영혼 관리

28_ 영혼 관리를 위해 잠시 물러설 줄 알아야 한다 138
29_ 경건의 시간은 영혼을 조율하는 시간이다 142
30_ 영혼을 살찌우는 침묵 146
31_ 마음의 정원을 가꾸라 150
32_ 내면세계와 외면 세계의 조화를 이루라 154

6부 열매 맺는 영성

33_ 꽃이 아닌 열매를 찾으시는 하나님 160
34_ 위에서 아래로 내려오는 것이 열매 맺음의 시작이다 164
35_ 열매 맺으려면 자신을 감추어야 한다 168
36_ 자아를 깨뜨릴 때 풍성한 열매를 맺게 된다 172
37_ 친밀함과 연합이 열매 맺는 비결이다 176

7부 거룩한 영성

38_ 영성은 하나님의 능력을 담는 그릇이다 182
39_ 깊은 영성과 고난은 함께 간다 186
40_ 거룩은 한마음을 소유하는 것이다 190
41_ 거룩한 영성은 영향력을 끼친다 194
42_ 거룩의 목표는 예수 그리스도다 198
43_ 거룩한 영성은 일평생 쌓아 가는 것이다 202

8부 성숙한 영성

44_ 영성이 깊어지면 자신의 진면모를 보게 된다 208
45_ 성숙한 영성은 인내로 측정된다 212
46_ 영성 훈련의 최고봉은 절제다 216
47_ 성숙한 사람은 언어에 능하다 220
48_ 자족은 성숙한 영성의 표다 224
49_ 예수님처럼 마음을 넓히라 228
50_ 모든 사람을 품으라 232
51_ 편안한 삶보다 풍성한 삶을 추구하라 236
52_ 탁월한 영성을 유지하는 영적 원리 240

추천사 | 하용조 (온누리교회 담임목사)

"무엇보다 영혼을 단장하십시오"

어려울 때일수록 하나님의 말씀이 그리워집니다. 급한 것이 중요한 것은 아닙니다. 중요한 것이 무엇인지 다시 한 번 생각하게 하는 시대입니다.

바로 이런 시기에 강준민 목사님의 「뿌리 깊은 영성」을 두란노에서 출판할 수 있게 되어 무척 기쁩니다. 그동안 헨리 나우웬, 리처드 포스터, 토마스 아 켐피스, 폴 투르니에, 고든 맥도날드 등 영적으로 탁월한 지도자들의 저서를 통해 우리는 영적인 삶의 모습과 깊이와 훈련에 대해 많은 도움을 받아 왔습니다.

그러나 이런 삶이 우리에게 뿌리를 내리기 위해서는 한국에서도 체계화된 영성 훈련에 대한 책을 쓸 수 있는 저자들이 많이 나와야 한다고 생각하던 차에, 강준민 목사님의 책이 나오게 되니 참으로 은혜입니다.

강 목사님은 로스앤젤레스에서 한인 교회를 섬기면서 영성신학을 계속 공부해 오고 계시는 분입니다. 뿐만 아니라 미주 두란노서원에서 큐티 세미나 강사로 섬기면서, 말씀으로 사람들의 존재 양식이 변화되고 탈바꿈할 수 있는 훈련을 인도하고 계십니다. 신선하면서도 명료한 언어로 영적인 삶에 대해 말씀하시는 목사님의 모습은 저에게 깊은 인상으로 남았으며 한국 교회의 귀한 일꾼이라고 늘 생각해 왔습니다.

「뿌리 깊은 영성」에는 많은 영적 지도자들로부터 받은 영향과, 그들을 연구한 결과가 담겨 있습니다. 무엇보다, 성령의 조명 아래서 말씀을 깊이 묵상한 가운데 서서히 영글어진 글이기에 그의 영혼의 순례기(巡禮記)이자 우리의 영혼을 체계적으로 훈련할 수 있는 좋은 가이드입니다.

두란노에서 출간된 강준민 목사의 많은 도서들과 함께 이 책 「뿌리 깊은 영성」은 당신의 영혼을 다듬고 영적 삶을 체계화하는 데 큰 도움을 주리라 확신합니다.

저자 서문

"뿌리 깊은 영성으로
존재의 넉넉함을 누리십시오"

1982년, 활활 타오르는 조국 교회의 부흥을 보면서 미국 유학길에 오른 지 16년이 되었다. 한국을 떠나면서 가졌던 고민은 조국 교회가 밖으로 불은 붙었지만 영성의 뿌리가 깊지 못하다는 것이었다. 일은 많은데 인격적으로 성숙하지 못했다는 생각 때문이었다. 사람은 많지만 세상을 변화시키는 능력은 적고, 사역은 많지만 열매가 적다는 아쉬움이 있었다. 역사적으로 가장 큰 교회들을 가진 조국 교회의 내면에 들어가 보면 무엇인가 황폐해 있는 느낌이 들었다.

이런 고민을 하면서 '왜 이런 느낌이 들었을까' 하는 질문을 던져 보았다. 모임은 많은데 공허하고, 까닭 없이 쫓기는 분주한 목회자들 가슴속에 있는 불안과 경쟁의식 그리고 초조함은 무엇 때문일까? 다른 사람을 향한 질문이 아니라 나의 내면에서 솟구쳐 올라오는 질문이었다. 조국 교회를 향한 고민 이전에 나의 내면의 고민이었다.

1984년, 목사 안수를 받고 그 고민은 더욱 심각해졌다. 다른 사람들의 영혼을 돌보기 위해 들어선 목회의 길이었지만 나의 내면은 황폐해 있었고, 초조하리만큼 쫓기는 경쟁의식 속에서 사역의 기쁨은 없었다. 더 올라가야 하고, 더 커져야만 한다는 강박 관념은 목회 현장에서 똑같이 나타났다. 더 많은 학위와 실력을 쌓지 않으면 생존할 수 없는 목회 현장의 현실은 나를 성취 지향적인 인간으로 몰아가기에 충분했다.

문제는, 성취하면 할수록, 학위를 하나씩 더 쌓아 가면 갈수록 뿌듯한 기쁨 대신 가슴이 공허해져 간다는 데 있었다. 이 문제를 해결하기 위해 하나님을 사랑했던 탁월한 사람들의 삶을 연구하기 시작했다. 그들은 많은 업적을 남기거나 대단한 뭔가를 이룬 사람들이 아니었다. 그러나 그들에게 무엇인가 다른 점이 있었다. 그들의 삶의 동기는 하나님에 대한 사랑과 영혼에 대한 사랑이었고, 그들의 삶에는 공통적인 영성 훈련이 있었다는 사실을 발견했다. 새벽에 일어나 하나님의 말씀을 붙잡고 하나님과 교제하는 시간을 가졌다는 사실이었다.

그들은 말씀 묵상을 통해 삶의 변화를 추구했고, 말씀을 통해서 들은 하나님의 음성을 삶에 적용함으로써 하나님을 경험했다. 그리고 그 내용들을 영혼의 일기에 기록했다. 그들은 예수님처럼 존재가 넉넉한 사람들이었다. 사람들의 평판보다는 하나님이 보시는 인격을 중요하게 여겼고, 드러난 성취보다는 마음의 동기를 귀중히 여겼다.

하나님을 사랑했던 사람들의 삶을 연구하면서 나는 인격이 성숙하고 존재가 넉넉해지는 영성 훈련에 대한 열망이 생겼다. 그 영성 훈련은 성령님 안에서 갖는 말씀 묵상이었다.

말씀 묵상을 배우기 위해서 찾고 찾는 중에 두란노서원을 통해 하용조 목사님의 큐티 세미나 테이프를 구할 수 있었다. 하 목사님을 통해서 배운 말씀 묵상의 원리와 방법들을 삶과 사역에 구체적으로 적용하기 시작했다. 당시 큐티를 잘할 수 있도록 도와주는 「생명의 삶」을 처음 대했을 때 신선한 충격을 받았다. 1984년부터 오늘까지, 「생명의 삶」에 나오는 본문과 더불어 매일 말씀 묵상을 하고 있다. 말씀 묵상이 깊어지면서 그리스도인의 삶의 뿌리가 되는 영성에 깊은 관심을 갖게 되었다.

이 책은 말씀 묵상과 영성에 관한 독서를 통해 얻은 깨달음과 몇 년 동안 KOSTA(국제 복음주의 학생 연합회)와 여러 교회에서 말씀 묵상 세미나를 인도하면서 배우고 경험한 것들을 기록한 것이다.

이 책이 출판되도록 격려해 주시고 추천의 글을 써 주신 하용조 목사님의 따뜻한 사랑과 두란노 출판부의 격려에 감사드린다. 또한 사역의 아픔과 기쁨을 함께 나누며 내조하는 아내와 기도로 도우시는 어머님께 감사드린다. 마지막으로 나의 기쁨이요, 면류관인 우리 교회 성도님들과 동역자들께 감사드린다. 이 글이 존귀하신 예수님의 모습을 닮기를 열망하는 사람들과 조국 교회에 조금이나마 도움이 되기를 기도드린다.

로스앤젤레스에서 강준민 드림

개정판 저자 서문

"뿌리 깊은 영성은 예수님의 영성입니다"

「뿌리 깊은 영성」을 쓴 지 10년이 지났습니다. 「뿌리 깊은 영성」은 세월이 흐르면 흐를수록 더 제 가슴에 남아 있는 책입니다. 제가 쓴 책 가운데 한 권의 책을 소개해 달라고 요청을 받을 때면 주저함 없이 「뿌리 깊은 영성」을 소개하곤 합니다. 「뿌리 깊은 영성」은 저의 초심이 담긴 책이요, 저의 순수함이 담긴 책입니다. 그래서 「뿌리 깊은 영성」을 대할 때마다 거울을 대하는 듯싶습니다.

뿌리 깊은 영성은 예수님의 영성입니다. 뿌리 깊은 영성은 자신을 감추는 영성입니다. 뿌리는 감추어져 있습니다. 뿌리는 땅 아래 자신을 감춥니다. 자신을 드러내기 좋아하는 세상에서 자신을 감추는 영성은 아름다운 영성입니다. 소박한 영성입니다. 뿌리는 자신을 감추면서 나무를 드러내고, 꽃을 드러내고, 풍성한 열매를 드러냅니다.

뿌리 깊은 영성은 보이지 않는 곳을 가꾸는 영성입니다. 뿌리는 보이지 않는 곳에 있습니다. 보이지 않는 내면을 가꾸는 영성이 뿌리 깊은 영성입니다. 하나님은 외모를 보시지 않고 중심을 보십니다. 하나님은 우리의 마음을 감찰하십니다. 내면을 가꾸는 영성은 마음을 가꾸는 영성입니다. 생명의 근원이 담긴 마음의 정원을 가꾸는 사람은 지혜로운 사람입니다.

뿌리 깊은 영성은 자신을 낮추는 영성입니다. 뿌리는 낮은 데 있습니다. 그래서 뿌리 깊은 영성은 겸손의 영성입니다. 신앙의 문제는 자세의 문제입니다. 하나님은 교만한 자를 싫어하십니다. 겸손한 자를 찾아 은혜를 베푸십니다. 교만은 패망의 선봉이요, 겸손은 존귀의 앞잡이입니다. 자세를 낮추면 평강이 임합니다. 자세를 낮추면 넘어질 일이 없습니다.

뿌리 깊은 영성은 예수님께 뿌리 내린 영성입니다(골 2:7). 신앙의 문제는 위치의 문제입니다. 어디에 뿌리를 내리느냐에 따라 우리 인생은 달라집니다. 시냇가의 심긴 나무는 시절을 좇아 결실을 맺습니다. 반면에 아무리 좋은 나무라 할지라도 척박한 땅에 심기우면 잘 자랄 수 없고, 풍성한 열매를 맺을 수 없습니다. 예수님은 옥토가 되십니다. 예수님께 뿌리를 내릴 때 우리는 풍성한 열매를 맺을 수 있습니다.

뿌리 깊은 영성은 깊이 있는 영성입니다. 뿌리가 얕으면 나무는 쉽게 쓰러집니다. 반면에 뿌리 깊은 나무는 요동치 않습니다. 흔들림이 없습니다. 뿌리가 깊어지는 때는 가뭄의 때입니다. 고난의 때입니다. 비가 오지 않을 때 나무는 생수를 얻기 위해 뿌리를 깊이 내립니다. 뿌리의 깊이는 고난의 깊이입니다. 뿌리 깊은 영성은 고난 중에 깊어진 영성입니다. 깊은 곳은 고요합니다. 뿌리 깊은 영성은 고요함 중에 자랍니다.

뿌리 깊은 영성은 기본을 다지는 영성입니다. 기본을 거듭 다지는 것이 최상의 영성입니다. 뿌리 깊은 영성은 새로운 것을 추구하는 것보다 기본을 거듭 확립하는 것입니다. 복음은 신앙의 입문일 뿐 아니라 신앙의 전부입니다. 기독교는 처음도 복음이요, 마지막도 복음입니다. 복음은 곧 예수님이십니다. 어떤 것도 예수님을 초월할 수 없습니다. 예수님은 기본을 중요시 여기셨습니다. 기도와 말씀의 기본을 소중히 여기셨습니다. 교제와 사역의 기본을 소중히 여기셨습니다.

뿌리 깊은 영성은 사랑의 영성입니다. 뿌리는 지탱하고 공급해 주는 일을 합니다. 나무가 지탱할 수 있는 것은 뿌리 때문입니다. 나무가 풍성한 열매를 맺을 수 있는 것은 뿌리가 공급해 주는 영양분 때문입니다. 하나님의 사랑은 뿌리와 같습니다. 하나님의 사랑이 우리를 지탱시켜 주고, 우리에게 필요한 것을 공급해 줍니다.

뿌리 깊은 영성은 열매 맺는 영성입니다. 뿌리가 건강할 때 풍성한 열매를 맺습니다. 뿌리의 깊이가 나무의 높이를 결정합니다. 뿌리의 건강이 나무의 열매를 결정합니다. 풍성한 열매를 맺기 원한다면 먼저 뿌리를 잘 가꾸어야 합니다. 하나님은 열매를 찾으십니다. 우리가 풍성한 열매를 맺을 때 하나님이 영광을 받으시고 우리는 예수님의 제자가 됩니다(요 15:8). 열매를 맺는 목적은 나누어 주기 위함입니다. 뿌리 깊은 영성은 나눔의 영성입니다.

뿌리 깊은 영성은 예배의 영성입니다. 뿌리 깊은 영성은 하나님의 임재 앞에서 사는 영성입니다. 매순간 하나님께 영광을 돌리는 영성입니다. 하나님의 얼굴을 구하는 영성입니다. 하나님을 갈망하는 영성입니다. 하나님이 주신 선물보다 하나님을 사랑하는 영성입니다. 하나님을 즐거워하는 영성입니다.

뿌리 깊은 영성에 대해 깨달으면 깨달을수록 여전히 초심자라는 사실을 고백하게 됩니다. 또한 기본에 더욱 충실해야 함을 깨닫습니다. 초심으로 돌아가야 함을 깨닫습니다.

부족한 사람이 쓴 책을 지난 10년 동안 많은 분들이 아껴 주신 것을 감사드립니다.

특별히 감사한 것은 「뿌리 깊은 영성」 영문판이 미국 IVP에서 *Deep-Rooted in Christ* 라는 이름으로 출판된 것입니다. 「뿌리 깊은 영성」이 두란노서원에서 출판된 이후로 미국의 출판사에서 영문판이 나오기까지 많은 분들이 기도해 왔습니다. 그 기도에 힘입어 드디어 영문판이 미국 IVP를 통해 이 세상에 빛을 보게 된 것입니다. 특별히 리처드 포스터 목사님께서 정말 간절한 마음으로 영문판이 나올 수 있도록 힘써 주신 일에 감사드리고 싶습니다.

또한 온누리교회 하용조 목사님과 두란노서원의 유종성 본부장의 협조와 격려는 큰 힘이 되었습니다. 영문판 출판 기념으로 개정판을 제작해 주신 두란노서원 가족들에게 깊은 감사 드립니다. 끝으로 뿌리 깊은 영성의 본체가 되시는 예수님께 모든 영광을 돌립니다.

로스앤젤레스에서 강준민 드림

1부 균형 잡힌 영성

영성의 길에 선다는 것은 예수님처럼 균형 잡힌 삶을 산다는 것이다.
예수님은 비움과 채움, 텅 빔과 충만, 버림과 취함이 완전한 조화를 이루는 삶을 사셨다.

1_ 비움으로 시작되는 영성

> 하나님의 사람들은 취함으로써 위대해진 것이 아니다.
> 비우고, 버리고, 떠남으로써 위대한 발자취를 남길 수 있었다.

비움은 영성의 시작이다. 주님의 영성은 비움에서 시작되었다. 하나님과 동등 됨을 취하지 아니하시고, 자신을 비워 종의 형체를 가지셨다(빌 2:7). 주님은 은혜와 진리로 충만하시기 전에 비우는 일을 먼저 하셨다.

채우기 전에 먼저 해야 할 일은 비우는 일이다. 무엇인가 가득 차 있는 그릇에는 아무것도 담을 수 없다. 하나님은 인간을 그릇에 비유하셨다. 영성도 그릇과 같은 것이다. 하나님이 주신 것들로 채우기 전에 해야 할 일은 비우는 일이다. 그 때문에 영성을 추구하는 사람들은 채우려고 하기 전에 비우는 일부터 해야 한다.

비움이 영성의 최우선 순위라면, '비운다는 것'은 무엇을 의미할까? 성경에 나오는 인물들은 이 비움을 떠남으로 이해했다. 아브라함은 갈대아 우르를 떠났다. 이것은 공간적 떠남 이상의 문제였다. 떠나지 않고는 새로운 세계 속에 들어갈 수 없다. 아브라함에게 있어서 떠나는 것은 자신의 삶의 터전, 자신이 의지하는 삶의 줄을 끊어 버리는 것이었다. 심지어 아비 친척 집을 떠나라는 것이 하나님의 명령이었다.

떠남은 아픔이며, 고통이며, 두려움이다. 오랫동안 익숙해 있고, 의지하며 살았던 터전을 버리고 떠난다는 것은 두려운 일이다. 떠남이 그토록 힘든 이유는 변화에 대한 두려움 때문이다. 인간은 그토록 변화를 갈망하면서도 가장 변화를 싫어하는 존재이다. 그러나 아브라함은 떠남을 통해서 비움을 실천했던 사람이다.

아브라함의 생애에서 가장 큰 비움은 아들 이삭을 하나님께 제물로 드려야 했을 때였다. 하나님으로 가득 차 있던 아브라함, 어느 날부터인가 그의 가슴에 이삭이 스며들기 시작했다. 이삭은 하나님의 약속이었다. 하나님의 약속이 실현된 실체였다. 이삭은 그의 소망이었고, 그의 관심이었고, 그의 사랑이었다. 이삭이 태어난 이후로 하나님께 고정되었던 아브라함의 눈길이 이삭에게 고정되기 시작했다.

하나님보다 이삭이 아브라함의 가슴에 가득 찬 어느 날, 하나님은 아브라함을 부르셨다. 그리고 그의 사랑하는 독자 이삭을 제물로 바치라고 명령하셨다. 아브라함은 자신의 품에 가득 차 있던 이삭을 비워야 했다.

그러나 비움은 축복이 되었다. 비움을 통해서 아브라함은 하나님의 벗이 되었다. 2,000년 후, 하나님 자신의 품에 있는 독생자를 비우셔서 십자가에 희생시켜야 하는 아버지의 마음을 이 세상에서 가장 먼저 경험한 사람이 아브라함이었기 때문이다.

아버지 하나님은 독생자 예수 그리스도를 그의 품에서 비우셔야 했다. 인류 구원의 역사는 아버지의 그릇에 계셨던 예수님을 비우심으로 시작되었다.

하나님의 사람들은 취함으로써 위대해진 것이 아니다. 비우고, 버리고, 그리고 떠남으로써 위대한 발자취를 남길 수 있었다. 모세가 바로의 공주의 아들이 되는 것을 포기하는 순간, 하나님의 사람이 되었다. 모세가 애굽 궁전을 버리고 떠나는 순간, 영원히 빛나는 인물이 되었다.

"나를 따라오너라 내가 너희로 사람을 낚는 어부가 되게 하리라"(마 4:19)는 예수님의 부르심 앞에 제자들은 배와 부친을 버리고 주님을 좇아감으로써 사도가 되었다.

영원한 것을 위해 영원하지 않은 것을 버리고, 영원한 것을 위해 영원하지 않은 것을 비우는 일은 결코 어리석은 행동이 아니다. 짐 엘리어트는 "잃어버려서는 안 되는 것을 얻기 위해 영원히 간직할 수 없는 것을 포기하는 자는 결코 어리석은 자가 아니다"고 말했다. 두 손을 꽉 쥐고 있는 한 어떤 것도 받을 수 없다. 은혜를 사모하는 사람은 두 손을 펴야 한다. 빈 손 위에 은총이 임하기 때문이다.

2_충만하게 채우는 영성

> 비움은 채움이 있을 때 의미가 있고, 떠나는 것은 새로운 목적지가 있을 때 의미가 있다.
> 비운 후에는 하나님의 충만으로 가득 채워야 한다.

영성은 비우는 데서 시작하지만 거기서 끝나는 것이 아니다. 영성의 다음 단계는 채우는 것이다. 비움은 채움이 있을 때 의미가 있다. 버리는 것은 얻음이 있을 때 의미가 있다. 떠나는 것은 새로운 목적지가 있을 때 의미가 있다.

동양의 명상은 비우는 것을 강조한다. 텅 빈 것을 최고로 생각한다. 그래서 '텅 빈 충만'이란 말을 쓰기도 한다. 자기를 잊어버리는 무아지경을 깨달음의 깊은 경지로 생각하기도 한다.

그러나 예수님의 영성은 달랐다. 주님은 비우신 후에 그 그릇을 충만으로 가득 채우셨다. 사도 요한은 예수님의 모습을 "말씀이 육신이 되어 우리 가운데 거하시매 우리가 그 영광을 보니 아버지의 독생자의 영광이요 은혜와 진리가 충만하더라"(요 1:14)고 증거한다.

예수님 안에는 은혜와 진리가 충만했다. 그 충만한 데서 예수님은 사람들을 충만케 하셨다. 자신을 비우신 예수님을 충만케 하신 분은 하나님 아버지시다. 바울은 "아버지께서는 모든 충만으로 예수 안에 거하게 하시고"(골 1:19)라고 기록한다.

예수님의 모습 속에서 우리는 사람을 섬기는 사역이 무엇인지를 배우게 된다. 주님의 충만은 위에서 아래로 흘러내려 온 것이다. 새로운 것을 창조하거나 만들어 낸 것이 아니다. 주님은 위에 계신 아버지가 내려 주시는 진리와 은혜를 받아서 그것을 제자들에게 흘려보내는 일을 하셨다.

제자들도 예수님과 똑같은 일을 했다. 예수님께 받은 것을 또 다른 사람에게 흘려보내는 일을 했다. 바로, 제자 삼는 사역이다.

우리가 하는 일도 마찬가지다. 우리가 무엇인가를 연구하고 만들어서 사람들에게 주는 것이 사역이 아니다. 사역의 출발은 주는 것이 아니라 받는 것이다. 요한은 "우리가 다 그의 충만한 데서 받으니 은혜 위에 은혜러라"(요 1:16)고 기록한다. 그 받은 것을 흘려보내는 것이 사역이다. 우리는 사역의 창조자가 아니라 전달자인 것이다. 하나님의 진리와 은혜의 통로인 것이다.

받기도 전에 주려는 사람이 많다. 채워지기도 전에 나누는 사람이 많다. 많은 사역자들의 문제는 채우기 전에 다 고갈시켜 버리고 만다는 것이다. 재생산되고, 재충전될 여지도 없이 모조리 쏟아 내고 만다.

소양강 댐을 건설했을 때 3년 동안은 물을 내려 보내지 않고 채우기만 했다고 한다. 충만히 차기까지 기다린 것이다. 영성은 바로 이 기다림에서 무르익는다. 사역자들은 경쟁하듯이 주기를 소원한다. 무엇인가를 속히 성취하기를 원한다. 댐에 물이 차기도 전에 내려 보내면 쉽게 고갈된다는 것을 모르는 탓이다.

하나님 나라에서 큰 자는 주기 전에 많이 받는 자이다. 많이 받는 만큼 많이 줄 수 있다. 성경은 '충만' 이라는 말을 많이 사용한다. 특히 사도행전을 보면, 은혜 충만, 진리 충만, 성령 충만, 지혜 충만, 그리고 믿음 충만이란 표현이 자주 등장한다. 충만은 가득 찬 상태이다. 이 상태를 '만족'이라는 말로 표현할 수 있다. 참된 만족은 충만을 경험할 때이다.

영성을 추구한다는 것은 깊은 충만 속에 들어가는 것이다. 이 충만은 오직 예수님 안에 있다. 예수님을 나누는 것은 충만을 나누는 것이다. 그것이 영성을 추구하는 이의 사역이다.

3_ 영성은 균형 잡힌 삶의 모습이다

비움과 채움 어느 하나만을 절대화해서는 안 된다.
비움은 채움을 위함이요, 채움은 나눔으로써 비우기 위함이다.

예수님의 삶은 균형(the Balanced Life)에서 극치를 이룬다. 비움과 채움, 텅 빔과 충만, 버림과 취함이 완전한 조화를 이루셨다. 비하와 존대, 섬기심과 섬김받으심에 조화를 이루셨다.

버리는 것을 절대화해서도 안 되며, 채우는 것을 절대화해서도 안 된다. 비움은 채움을 위함이요, 채움은 비움을 위함이다. 떠나는 것을 절대화해서도 안 된다. 그러면 방랑자가 된다. 머무는 것을 절대화해서도 안 된다. 그러면 안주자가 된다. 안주하면 썩기 쉽다. 흐르는 물만이 썩지 않는다. 무엇이든지 지나치면 문제가 된다. 활도 너무 휘면 부러지게 마련이다. 예수님은 홀로 있으셨고 또한 함께 있으셨다. 함께 있기 위해 홀로 계셨고, 홀로 계시기 위해 함께 있으셨다. 가장 어려운 것은 균형을 이룬다는 것이다.

자신을 비우신 예수님은 아버지의 채우심 앞에 순종하셨다. 채우시는 아버지의 뜻 앞에 순종하셨다. 충만하게 채우시는 아버지의 뜻을 아셨기 때문이다.

채우기만 하고 나누지 않으면 썩는다. 예수님은 채우고 나누어 주셨다. 채움에 분명한 목표가 있으셨다. 그것은 나눔을 위한 것이었다. 예수님은 위에서 내려온 모든 것을 자기에게만 머물게 하는 사해가 아니셨다. 요단 강 물을 받아서 아래로 흘려보내는 갈릴리 호수와 같으셨다.

받기만 하고 내보내지 않는 사해는 고기가 살 수 없다. 그러나 받아서 내려 보내는 갈릴리 바다에는 많은 고기가 산다. 예수님의 가슴은 고기가 사는 갈릴리 바다와 같았다. 인생은 채움으로 오는 만족보다는 나눔으로 오는 기쁨이 더하다. 진정한 기쁨이란 결국 채운 것을 나눌 때 오는 것이다.

예수님의 모습은 항상 두 가지로 조화를 이룬다. 이사야 선지자는 장차 오실 예수님을 냇물과 큰 바위에 비유했다(사 32:2). 물은 위에서 아래로 흐른다. 물은 융통성이 있다. 싸우지 않는다. 그러나 뜻을 이룬다. 환경에 순종하듯 흐름을 타는 것이 물이다. 그러나 결국은 흘러 흘러 바다로 임한다. 예수님은 물처럼 사셨다. 누구와 경쟁하지 않으셨다. 싸우지 않으셨다. 채찍질 당하시고, 침 뱉음을 당하셨다. 말할 수 없는 수모를 당하셨지만 그냥 흘러가셨다. 그렇지만 결국 십자가의 구원 사역을 이루셨다.

예수님은 물이실 뿐 아니라 바위셨다. 흔들림이 없으셨다. 가야 할 길을 가기 위해 사탄의 거센 유혹 앞에서도 견고히 서 계셨다. 아무리 배가 고파도 돌로 떡을 만들지 않으셨다. 토머스 제퍼슨의 말처럼 방법의 문제라면 물결을 타셨지만, 원리의 문제라면 바위처럼 흔들림이 없으셨다. 예수님은 갈한 자에게 생수를 주시는 물이셨다. 동시에 흔들리지 않는 반석이셨다.

예수님은 양이셨고, 사자셨다. 예수님은 자신을 어린 양으로 묘사하고, 동시에 사자로 드러내셨다. 요한계시록 5장을 보면 예수님의 두 면이 잘 묘사되어 있다. 예수님은 고난받으시는 어린 양으로 오셨다. 예수님은 흠도 없고, 점도 없는 어린 양이시다. 그러나 정글의 왕 사자처럼 만왕의 왕이시기도 하다. 하나님이 만드신 환경에 순종하실 뿐 아니라, 필요하다면 환경을 다스리시고 정복하신 왕이시다.

영성의 길에 선다는 것은 예수님처럼 균형 잡힌 삶을 산다는 것이다. 사역자에게 가장 중요한 것은 균형을 이루는 것이다. 영성을 추구하는 우리의 삶도 예수님의 모습을 닮아야 한다. 치우침이 없는 걸음으로 걸어야 한다.

2부 뿌리 깊은 영성

뿌리가 깊을 때 안정감이 있다. 뿌리가 깊을 때 견고하게 선다.
영성을 추구한다는 것은 능력의 원천이신 예수님께 뿌리를 내리고,
거기서 예수님의 생명을 공급받는 것이다.

4_ 나무의 문제는 깊은 **뿌리**에 있다

> 영성 훈련이란, 모든 문제의 뿌리가 될 뿐 아니라
> 해결책을 제공하는 영혼을 관리하는 것이다.

영성의 세계에 들어간다는 것은 내면세계에 관심을 갖는 것이다. 영혼의 문제에 관심을 갖는 것이다. 인간의 뿌리는 영혼이다. 영혼이 거하는 깊은 내면은 하나님을 만나는 곳이다. 하나님과 대화하는 곳이다. 하나님과 친교를 나누는 곳이다. 하나님의 활동 무대이다.

그런데 그 뿌리인 영혼이 병들면 심각한 문제를 초래한다. 인생 문제를 드러난 현상으로만 보아서는 안 된다. 영혼 관리란

드러난 문제의 원인을 찾아내고, 그 원인을 성령 안에서 말씀으로 치료하는 하나님의 방법이다. 인간에게는 의식과 무의식이 있다. 의식의 세계라기보다는 무의식의 세계에 더 많은 문제가 있음을 안다. '빙산의 일각'이라는 말이 있다. 밖으로 드러난 문제는 속에 감추어진 문제와 비교할 때 정말로 작은 것이다.

나무가 병들었을 때 우리는 그 원인을 볼 수 있어야 한다. 하나님과 깊은 내면의 친교를 강조하는 앤드류 머레이는 남아프리카의 오렌지 나무를 해치는 질병 가운데 하나를 소개한다. '뿌리 병(root disease)'이라는 것이다. 이 병에 걸린 나무는 여느 때와 다름없이 열매를 맺기 때문에 일반인은 나무가 병들었는지 눈치를 채지 못한다고 한다. 그러나 전문가는 그 나무에서 느린 죽음의 서곡을 듣는다.

포도나무의 뿌리진디(phylloxera)도 이러한 뿌리 병의 일종이다. 옛 뿌리를 잘라 내고 새 뿌리를 접붙이지 않는 한 근본적인 치료가 불가능하다. 원산지 포도나무에 미국산 포도나무의 뿌리를 이식시킨 후 시간이 경과하면 줄기, 가지, 열매는 전과 다름없지만 뿌리는 더 싱싱하고 질병에도 저항력을 지닌 포도나무가 된다. 질병이 찾아오는 곳, 그리고 치료가 필요한 곳은 바로 눈에 보이지 않는 내면에 있다.

병든 나무의 문제가 뿌리 병에 있는 것처럼, 사람들의 문제도 바로 뿌리 병과 같은 영혼의 질병에 그 근본 원인이 있다. 영혼의 병만큼 무서운 병은 없다. 육체가 병 든 것도 고통스럽지만 더욱 무서운 것은 심령의 병이다. 그러나 영혼이 건강하면 무서운 육체의 질병도 이길 수 있다.

고목에서 새싹이 나듯이, 시든 나무 같던 육체가 새롭게 소생하는 것을 본 적이 있다. 백혈병으로 죽을 고비를 넘긴 시카고에 사시는 한 사모님이 그 주인공이다. 죽음의 고비를 넘길 때 함께 기도했기 때문에 그 치료 과정을 생생히 기억할 수 있다. 그 사모님은 백혈병 치료 후 모든 면역 체제가 약해져서 평생 동안 조심하면서 살아야 된다는 의학적인 선고를 초월해서 육체가 회복되었을 뿐 아니라, 결코 낳을 수 없을 것이라는 아이까지 낳았다. 그리고 그 아이 이름을 '사라'라고 지었다. 육체의 극한 상황에서도 영혼이 살아 있을 때 모든 것이 회생하는 기적을 보았다.

성경은 "사람의 심령은 그 병을 능히 이기려니와 심령이 상하면 그것을 누가 일으키겠느냐"(잠 18:14)고 말한다. 또한 "마음의 즐거움은 양약이라도 심령의 근심은 뼈로 마르게 하느니라"(잠 17:22)고 가르친다.

육체를 위한 건강관리는 잘하지만, 영혼 관리를 잘하기 위해 힘쓰는 사람은 많지 않다. 육체의 건강은 영원한 문제를 해결해 주지 못한다. 병이 나았다 하더라도 다시 병들 수 있다. 그리고 인간은 한 번은 죽게 되어 있다. 그러나 영혼의 건강은 마음과 육체에 유익을 줄 뿐만 아니라 영원한 세계까지 연결된다.

영성 훈련이란, 영혼을 관리하는 것이다. 모든 문제의 뿌리가 될 뿐 아니라 해결책을 제공하는 영혼 관리에 관심을 가져야 한다.

5_ 영성 생활이란 예수님께 깊이 뿌리를 내리는 것이다

> 영성 생활이란, 내면세계로 깊이 들어가는 것이다. 위에서 임하는 능력을 사모하는 동시에 내면에서 샘솟는 능력을 열망하고 경험하는 것이다.

영적 체험을 하는 것과 영성 생활을 하는 것은 차이가 있다. 분리하기는 어렵지만 차이점을 찾을 수 있다.

영적 체험은 불이 타는 것과 같다. 능력이 위에서 임하는 것과 같다. 몸으로 느낄 수 있고 겉으로 쉽게 드러난다. 눈으로 당장 볼 수 있는 능력 사역이다. 사람들의 관심도 끌게 된다. 인격의 변화 이전에 사역에 능력이 임하는 것을 경험한다. 개인적인 사건이지만 공동체 안에서 함께 경험하는 사건이다. 때로는 본인이 특별히 원치 않을 때에도 어떤 장소나 공동체 안에 있을 때 누리는 하나님의 능력의 역사이다.

우리는 이 능력 받기를 사모해야 한다. 하나님의 나라는 능력으로 임했다. 사탄의 세력을 결박하고 사람들의 가슴에 복음을 심어 주는 일은 성령의 강한 능력과 함께 가는 것이다.

그렇다면 영적 체험과 영성을 추구하는 삶을 산다는 것의 차이는 무엇인가?

영성을 추구하는 삶은 능력을 체험하는 면에서는 비슷하지만 방향과 현상이 다르다. 영성 생활이란, 내면세계로 깊이 들어가는 것이다. 위에서 임하는 능력을 사모하면서 동시에 내면에서 샘솟는 능력을 열망하고 경험하는 것이다. 존재 위에 임하는 능력이라기보다는 존재 전체에 스며드는 하나님의 역사이다. 영혼의 질이 변화되고, 그 내면에서 혁명이 일어난다. 단시간에 이루어지기보다는 장시간에 걸쳐 내면에 감추어진 깊은 영혼이 하나님의 성품으로 변화되는 작업이다. 단번에 불이 활활 타오르는 것이라기보다는 나무가 깊이 뿌리를 내리고 견고하게 서 있는 것과 같다. 그리고 그 나무에서 열매가 맺히고, 새들이 와서 깃들고, 사람들에게 안식을 제공하는 것과 같다.

조용히 풍성한 열매가 맺히는 것을 경험하게 된다.

한국 교회는 속에 깊이 뿌리를 내리기보다는 위로부터 임한 능력을 체험한 교회다. 한국 교회의 부흥은 불과 함께 임했다. 뜨거운 불은 한국 전역으로 번져 나갔다. 한국 교회는 부흥을 통해서 성장했다. 그 부흥은 외적 능력으로 나타났다. 그러나 문제는 성도들의 신앙의 뿌리가 깊지 못하다는 자성이 있다. 왠지 모르는 허전함이 있고, 삶의 변화가 없다는 것이다. 일시적인 능력이 아니라 주님을 닮은 성품을 겸비한 능력이 부족한 것이다.

이 문제를 해결하기 위해 우리는 성경 공부와 제자 훈련을 시도했다. 말씀을 붙잡고 변화를 시도했다. 그럼에도 아쉬운 것은 그 귀한 모임들이 때로는 교회 성장을 위한 프로그램으로 그치고 말았다는 것이다. 이 문제를 인식하면서 한국 교회는 영성에 대해 관심을 갖기 시작했다.

영성을 추구하는 것은 현대에 일어난 운동이 아니다. 영성 생활은 예수님으로부터 시작된 2,000년의 긴 역사를 지니고 있다. 영성을 추구한다는 것은 무엇인가? 그것은 예수님께 뿌리를 깊이 내리는 것이다. 영성의 뿌리는 예수님이다. 사도 바울은 깊은 영성으로 인도하는 길을 골로새 성도들에게 가르쳐 주고 있다.

"그러므로 너희가 그리스도 예수를 주로 받았으니 그 안에서 행하되 그 안에 뿌리를 박으며 세움을 입어 교훈을 받은 대로 믿음에 굳게 서서 감사함을 넘치게 하라"(골 2:6-7).

뿌리가 깊을 때 안정감이 있다. 뿌리가 깊을 때 견고하게 선다. 영성을 추구한다는 것은 깊은 세계로 뛰어드는 것이다. 능력의 원천이신 예수님께 뿌리를 내리고, 거기서 주님의 생명을 공급받는 것이다. 주님의 성품을 닮아 가는 것이다.

6_ 영성의 든든한 기반은 예수 그리스도다

우리가 뿌리 내려야 할 견고한 영성의 터는 예수 그리스도시다.
그 터 위에 깊이 뿌리 내리는 일에 힘을 쏟으라.

영성 생활을 시작하는 것은 지혜로운 건축자가 되는 것이다. 하나님이 기뻐하시는 집을 세워 나가는 것이다. 주님을 닮아 가는 건축자가 되는 것이다.

건축할 때 가장 중요한 것은 기초이다. 그 기반이 얼마나 견고한가에 따라 건물의 높이가 결정된다. 건물의 높이는 기초를 든든히 하기 위해 얼마나 깊이 파느냐에 따라 결정된다. 산이 높을수록 골짜기가 깊은 것이다. 물이 깊을수록 소리가 나지 않는 법이다. 서울에 있는 63빌딩을 세우기 위해서는 먼저 깊이 아래로 내려가야 했다. 뉴욕에 있는 102층짜리 빌딩은 거대한 암반 위에 세워졌다. 하늘의 신령한 세계 속에 들어가는 영성 생활이란, 먼저 기초를 든든히 하는 데서 출발해야 한다.

견고한 영성의 터는 예수 그리스도시다. 사도 바울은 고린도 교인들에게 터의 중요성을 이렇게 강조하고 있다.

"내게 주신 하나님의 은혜를 따라 내가 지혜로운 건축자와 같이 터를 닦아 두매 다른 이가 그 위에 세우나 그러나 각각 어떻게 그 위에 세우기를 조심할지니라 이 닦아 둔 것 외에 능히 다른 터를 닦아 둘 자가 없으니 이 터는 곧 예수 그리스도라"(고전 3:10-11).

우리 영성의 터는 예수 그리스도시다. 이것은 가장 중요한 진리이다. 절대로 놓지 말아야 할 영적 원리이다. 터가 무너지면 모든 것이 무너진다. 예수님은 모퉁잇돌이 되신다(벧전 2:6). 모퉁잇돌은 머릿돌이다. 유대인들은 건물을 모퉁이의 머릿돌을 중심으로 세워 나갔다. 모퉁잇돌은 모든 돌들을 지탱해 주는 받침대이다. 그 모퉁잇돌을 중심으로 세워진 건물은 그 돌을 빼면 다 허물어지게 되어 있다.

그리스도인의 기초는 오직 예수님이다. 철학, 신념, 도덕, 윤리, 부, 권력, 자기 확신, 자기 암시 등 다른 많은 것을 삶의 기초로 삼는 사람들이 있다. 이 땅을 사는 동안에는 이런 것들이 중요할지 모른다. 그러나 영원의 시각에서 보면 잠시 무성한 풀과 같다. 영성을 추구한다는 것은 영원한 것을 붙잡는 것이다. 모든 것을 영원의 시각을 가지고 보는 것이다. 일시적인 것보다 영원한 것에 삶의 초점을 맞추는 것이다. 세상적인 것보다 하나님 나라에 초점을 맞추는 것이다. 그때 우리 안에 하나님 나라가 임하는 것이다.

영성을 추구하는 사람들은 그 무게 중심을 아래에 두고 산다. 뿌리를 깊이 내리는 일에 힘을 쓴다. 항해하는 배가 폭풍우를 만날 때 가장 중요한 것은 배를 지탱할 수 있는 무게이다. 영성 생활이란 보이는 곳보다는 보이지 않는 곳에 관심을 갖는 것이다. 우리는 현대인의 비극을 삼풍 백화점과 성수 대교 붕괴 같은 대형 사고에서 경험했다. 겉으로는 아름다워 보이지만 그 기초가 잘못되었다는 것이다. 값을 지불해야 할 부분에 대가를 지불하지 않았던 것이다. 준비하는 데 시간을 많이 들이지 않고 결과만을 추구했던 것이다. 무게 중심이 무시된 성취였던 것이다.

"첫 단추를 잘못 끼면 마지막 단추를 낄 구멍이 없다"고 괴테는 말했다. 시작이 중요하다. 출발이 중요하다. 빨리 가는 것보다 바르게 가는 것이 더욱 중요하다. 넓은 길이라고 다 좋은 것은 아니다. 고속도로도 막힐 수 있다. 영성은 좁은 길을 선택하는 것이다. 기초를 쌓는 데 시간을 많이 들이는 것이다. 그러나 그 길이 결국은 승리하는 길임을 우리는 안다.

7_ 영성 생활은 속사람을 돌보는 것이다

영성 생활은 사람들에게 잘 드러나지 않는 깊은 내면을 가꾸는 것이다.
숨은 사람 즉 속사람을 가꾸는 것이다.

강한 힘은 내면에서부터 시작된다. 예수님은 사마리아 여인에게 "내가 주는 물을 먹는 자는 영원히 목마르지 아니하리니 나의 주는 물은 그 속에서 영생하도록 솟아나는 샘물이 되리라"(요 4:14)고 말씀하셨다.

주님이 주신 생수는 속에서 솟아나는 샘물이었다. 주님은 우리 위에 능력을 부어 주실 뿐 아니라 우리 안에서 능력을 경험하기 원하셨다. 경건의 모양은 있으나 능력이 없는 바리새인들을 향해서 "회칠한 무덤"이라고 책망하셨다. 큰 성경을 끼고, 거룩하게 걷는다고 경건의 능력이 있는 것이 아니다. 중요한 것은 그 사람 속에 어떤 일이 일어났느냐 하는 것이다. 바울은 에베소 교인들을 위해 "그 영광의 풍성을 따라 그의 성령으로 말미암아 너희 속사람을 능력으로 강건하게 하옵시며"(엡 3:16)라고 기도드렸다. 바울의 중보 기도가 우리의 기도이어야 한다.

성령님이 역사하시는 진정한 변화는 우리 안에서부터 시작된다. 영성 생활이란 밖에서 무엇인가를 집어넣는 것이 아니라 안에서 깨달아지는 것이다. '교육'이란 말의 어원이 '안에서 밖으로 끌어내다'에서 왔다는 사실은 우리에게 지혜를 준다. 영성 교육도 어떤 정보나 지식을 집어넣는 것이 아니다. 예수님을 모신 성도가 자신의 내면에 소유하고 있는 보화가 얼마나 중요한 것인가를 깨닫게 하는 것이다. 하나님의 관심은 우리 내면과 속사람에게 있다.

사무엘에게 하신 말씀을 우리는 늘 기억해야 한다.

"여호와께서 사무엘에게 이르시되 그 용모와 신장을 보지 말라 내가 이미 그를 버렸노라 나의 보는 것은 사람과 같지 아니하니 사람은 외모를 보거니와 나 여호와는 중심을 보느니라"(삼상 16:7).

용모와 체격이 아름답다는 것은 축복이다. 감사할 일이다. 그러나 외모보다 더 중요한 것은 우리의 중심이라는 사실을 잊어서는 안 된다. 하나님은 우리의 외모를 넘어 우리의 깊은 내면을 감찰하고 계신다.

바울은 속사람에 대한 관심이 많았다. 갈라디아 교인들에게 애절하게 남긴 말은 항상 내 가슴을 울리곤 한다.

"나의 자녀들아 너희 속에 그리스도의 형상이 이루기까지 다시 너희를 위하여 해산하는 수고를 하노라"(갈 4:19).

여기서 바울의 강조는 "너희 속에"라는 말에 있다. 주님의 형상은 외면에 나타나기보다는 속에 나타난다. 우리 내면의 성품 속에 나타나는 것이다. 우리 외모의 이미지를 만드는 것만 가지고는 진정한 변화를 경험하지 못한다.

영성 생활은 사람들에게 잘 드러나지 않는 부분을 가꾸는 것이다. 속사람을 가꾸는 것이다. 베드로는 숨은 사람을 가꾸라고 권면한다.

"너희 단장은 머리를 꾸미고 금을 차고 아름다운 옷을 입는 외모로 하지 말고 오직 마음에 숨은 사람을 온유하고 안정한 심령의 썩지 아니할 것으로 하라 이는 하나님 앞에 값진 것이니라"(벧전 3:4).

내면에 있는 마음은 두 가지 경향을 가지고 있다. 예레미야가 말한 것처럼 "심히 부패한 것"(렘 17:9)이 인간의 마음이다. 그러나 "생명의 근원"(잠 4:23)이 있는 곳도 인간의 마음이다. 인간의 마음속에 어두움도 있고 천국도 있다는 것이다. 하나님과 원수가 되는 육의 생각도 담겨 있고, 평강을 주는 영의 생각도 담겨 있다.

이 마음을 가꾸기 위해서 자신의 마음을 관찰하는 시간을 가져야 한다. 이 내면세계를 가꾸는 것이 영성 훈련이다. 마음의 정원을 매일 가꾸는 작업이 영성 수련인 것이다.

8_ 깊은 샘에서 솟아오르는 영성

영성 깊은 사람의 진가는 시련과 역경 중에 더욱 빛을 발한다.
그는 환경을 능가하는 삶을 산다. 환경의 노예가 되지 않고 환경을 변화시킨다.

예수님은 믿는 자들에게 깊은 샘물을 약속하셨다. 예수님은 사마리아 여인에게 말씀하셨다.

"내가 주는 물을 먹는 자는 영원히 목마르지 아니하리니 나의 주는 물은 그 속에서 영생하도록 솟아나는 샘물이 되리라"(요 4:14).

예수님이 주시는 생수는 믿는 자 속에서 솟아난다. 하나님의 역사는 깊은 영혼 속에서 솟아오른다. 예수님이 약속하신 생수는 성령의 생수이다. 성령님은 우리 안에서 솟아나는 샘물처럼 역사하신다.

샘물은 깊을수록 좋다. 샘이 깊지 못한 물을 건수라고 한다. 건수는 비가 오면 물이 많아지고 가뭄이 들면 말라 버린다. 비가 많이 오면 물맛도 변하고 색깔도 달라진다.

그러나 깊은 곳에서 솟는 샘물은 바깥 날씨나 기후에 별로 영향을 받지 않는다. 오히려 뜨거운 여름에는 시원하고 겨울에는 따뜻하다. 장마가 오든, 가뭄이 오든 상관없이 언제나 같은 양의 맑은 물을 낸다. 안에서 솟는 물은 장마가 와도 변함이 없고 가뭄이 와도 끄떡없다. 오히려 가뭄이 오고 장마가 왔을 때 진가를 발휘한다.

깊은 샘에서 나오는 성령의 생수를 마시고 사는 그리스도인의 영성은 깊은 샘물과 같다. 변화가 없고, 일정하다. 요동치 않는다. 외부의 환경과 영향력에 따라 쉽게 그 마음의 태도가 바뀌지 않는다. 뜨거운 여름에는 남을 시원하게 하고, 추운 겨울에는 남을 따뜻하게 한다. 영성 깊은 사람의 진가는 시련과 역경이 찾아왔을 때 더욱 빛을 발한다. 환경을 초월하고, 환경을 능가하는 삶을 산다. 환경의 노예가 되는 것이 아니라 환경을 변화시킨다.

깊은 영성을 소유한 사람은 그 마음 깊은 곳에 모략이 있는 것을 안다. 하나님이 자기 안에 예수님의 지혜와 지식의 보화를 이미 부어 주신 것을 안다(골 2:3). "사람의 마음에 있는 모략은 깊은 물 같으니라 그럴지라도 명철한 사람은 그것을 길어 내느니라"(잠 20:5)고 성경은 말한다.

하나님의 말씀은 정말 소중한 것이 우리 안에 있음을 거듭 가르쳐 준다. 예수님을 믿는 사람은 이미 모든 것을 소유한 사람이다. 예수님의 충만이 그 안에 거하고, 예수님의 총명이 그 안에 거한다. 문제는 누가 그것을 길어 내느냐이다. 명철한 사람만이 마음의 깊은 샘에서 하나님의 모략을 길어 낸다.

명철한 사람이 깊은 샘에서 모략을 길어 낼 수 있는 것은 그가 깊이 있는 사람이기 때문이다. 명철한 사람은 참된 부요는 세상의 부요가 아니요, 참된 성공은 외적인 성공이 아님을 안다. 참된 부요는 영적인 부요이며, 아름다운 인격에서 완성됨을 안다.

명철한 사람의 아름다움은 그의 언어에서 나타난다. "명철한 사람의 입의 말은 깊은 물과 같고 지혜의 샘은 솟쳐 흐르는 내와 같으니라"(잠 18:4)고 성경은 말한다. 깊은 언어는 내면에서 흘러나온다. 내면에서 나오는 언어는 허공을 치는 소리가 아니라 생명의 소리이다. 사람의 마음을 울리고, 깊은 감동을 준다. 인간의 내면은 서로 통해 있다. 그래서 내면 깊은 곳에서 흘러나오는 언어를 들으면, 사람들은 자기의 언어를 말하고 있다고 생각한다.

　마음과 마음이 이어지는 따뜻한 언어, 영혼이 영혼을 소생시키는 언어는 깊은 영성에서 나옴을 기억하자.

3부 영적 성장

영적으로 성장한다는 것은 영성이 깊어진다는 것이다.
영성이 깊어진다는 것은 우리 내면의 영혼이 하나님의 깊은 세계로
들어가서 깊이 있는 사람이 되는 것이다.

9_ 깊은 영성과 영적 성장

인간의 성숙은 그 내면의 성숙과 내적인 부요함으로 평가된다.
그 존재의 넉넉함으로 인물됨이 결정된다.

깊은 세계가 우리를 초청한다. 깊은 바다가 우리를 부르고 있다. 다윗은 "주의 폭포 소리에 깊은 바다가 서로 부르며…"(시 42:7)라고 말한다. 예수님은 베드로에게 "…깊은 데로 가서 그물을 내려 고기를 잡으라"(눅 5:4)고 말씀하신다. 배는 항구에 매달아 놓기 위해서 존재하는 것이 아니다. 우리 인간의 영혼도 얕은 물가에 머물기 위해 존재하는 것이 아니다. 성령의 깊은 바다로 나아가야 한다. 그때 아름다운 영의 세계를 만나고, 놀라운 보화를 발견할 수 있다.

편안한 삶을 추구하는 것이 진정한 자기 사랑은 아니다. 깊은 바다, 미지의 세계로 자신을 내어 던질 때 진정한 자기 사랑은 시작된다. 바로 그곳에서 자아는 도전받고, 변화되고, 성장한다. 더 깊은 세계가 있다. 감춰진 세계가 있다. 눈에 보이지 않는 세계가 있다. 그것은 영적인 세계다. 내면의 세계다. 그리스도인들이 추구하는 것은 세상 사람들이 갈망하는 것과 다르다. 우리는 깊이 있는 삶을 추구한다. 그가 얼마나 성숙했느냐에 대한 평가는 그의 외모나 외적인 풍요로 결정지을 수 없다. 인간의 성숙은 그 내면의 성숙과 내적인 부요함으로 평가된다. 그 존재의 넉넉함으로 인물됨이 결정된다.

리처드 포스터는 "하나님이 찾으시는 사람은 재능 있는 사람이 아니라 깊이 있는 사람이다"라고 말했다. 깊이 있는 사람은 어떤 사람인가? 영성이 깊은 사람이다. 영성은 무엇과 관련되어 있는가? 영혼과 관련되어 있다. 영이신 하나님과 관련되어 있다. 영원한 삶과 관련되어 있다. 내면 깊은 곳과 관련되어 있다. 영혼은 하나님을 만나고, 하나님과 교제한다. 영혼의 세계는 성령님이 역사하시고, 말씀이 활동하시는 곳이다. "사람의 영혼은 여호와의 등불이라 사람의 깊은 속을 살피느니라"(잠 20:27)고 성경은 말한다. "사람의 깊은 속을 살핀다"는 말씀을 묵상하라. 사람에게는 깊은 세계가 있다는 말이다.

영적으로 성장한다는 것은 영성이 깊어진다는 것이다. 영성이 깊어진다는 것은 우리 내면의 영혼이 하나님의 깊은 세계로 들어가서 깊이 있는 사람이 되는 것이다. 깊은 영성은 어떻게 형성되는가? 우리가 깊은 영성으로 들어갈 수 있도록 도와주는 것은 무엇인가?

첫째는 말씀이다. 우리의 깊은 영혼을 다룰 수 있는 것은 하나님의 말씀이다. 히브리서 4장 12절을 보면 "하나님의 말씀은 살았고 운동력이 있어 좌우에 날선 어떤 검보다도 예리하여 혼과 영과 및 관절과 골수를 찔러 쪼개기까지 하며 또 마음의 생각과 뜻을 감찰하나니"라고 기록되어 있다. 하나님의 말씀은 혼과 영을 관통할 수 있고, 마음의 생각과 뜻을 감찰할 수 있다.

둘째는 성령님이시다. 성령님은 가장 깊은 곳까지 통달하신다. "오직 하나님이 성령으로 이것을 우리에게 보이셨으니 성령은 모든 것 곧 하나님의 깊은 것이라도 통달하시느니라 사람의 사정을 사람의 속에 있는 영 외에는 누가 알리요 이와 같이 하나님의 사정도 하나님의 영 외에는 아무도 알지 못하느니라"
(고전 2:10-11). 성령님은 하나님의 깊은 곳을 아시고, 사람의 속에 있는 영의 세계까지 아신다.

깊은 영성을 사모하는 사람은 말씀과 성령님과 항상 함께하는 삶을 살아야 한다. 깊은 샘처럼 깊이 있는 사람이 되라.

10_ 영적 성장의 열쇠는 은혜다

우리의 노력과 의지만으로는 진정한 변화와 영적 성장을 이룰 수 없다.
주 예수 그리스도를 아는 지식과 은혜가 영적 성장의 핵심이다.

그리스도인의 성장은 하나님의 은혜로부터 온다. 그리스도인의 모든 변화는 하나님의 역사이다. 하나님의 은혜는 영적 생활의 기초이며 영적 성장의 기반이다. 사람이 하는 일은 성령님이 역사하실 수 있는 분위기를 만드는 것이다. 마치 씨앗이 땅에 떨어져서 싹이 나고 열매를 맺기 위해서 좋은 환경을 조성하는 것과 같다. 우리는 사람을 변화시키는 하나님의 일에 협력하는 조력자들이다.

사도 바울은 이 점을 분명히 이해했다. 그는 성도들 사이에 파벌을 이루고 있는 고린도 교인들에게 "나는 심었고 아볼로는 물을 주었으되 오직 하나님은 자라나게 하셨나니 그런즉 심는 이나 물 주는 이는 아무것도 아니로되 오직 자라나게 하시는 하나님뿐이니라"(고전 3:6-7)고 말했다. 성도들의 성장을 위해 영적 안내자들이 필요 없다는 말이 아니다. 만약 바울이 심지 않고, 아볼로가 물을 주지 않았다면 어떻게 고린도 교회가 탄생했겠는가? 이 말씀의 초점은 성장과 변화의 역사는 오직 하나님으로부터 온다는 사실에 있다.

이 말을 하고 있는 바울 자신이 이런 은혜를 체험했던 사람이다. 사도 바울을 사로잡은 것은 하나님의 은혜였다. 그는 율법으로 변화될 수 없는 자신의 모습을 알았다. 율법으로는 흠이 없었지만, 여전히 원하는 것을 행치 못하고 원치 않는 죄를 범하고 있는 자신의 처절한 모습을 보았다(롬 7:15-21). 자신도 어찌할 수 없는 자신의 모습 앞에 그는 좌절했다. 그리고 거기서 자신을 변화시킬 수 있는 것은 오직 하나님의 은혜임을 깨달았다. 그 때문에 바울은 각 교회에 보낸 많은 편지에서 하나님의 은혜와 평강을 빌었다(엡 1:2, 빌 1:2, 골 1:2).

바울은 그를 변화시킨 하나님의 은혜에 대해서 고린도 교인들에게 이렇게 기록하고 있다. "그러나 나의 나 된 것은 하나님의 은혜로 된 것이니 내게 주신 그의 은혜가 헛되지 아니하여 내가 모든 사도보다 더 많이 수고하였으나 내가 아니요 오직 나와 함께 하신 하나님의 은혜로라"(고전 15:10).

베드로도 하나님의 크신 은혜를 체험한 사람이다. 베드로는 그의 의지로도, 그의 맹세로도 그가 결심한 바를 이룰 수 없었다. 죽어도 주님을 부인하지 않겠다고 선언했던 그가 예수님을 세 번이나 부인했다. 물론 그 배후에는 육신의 연약함과 사탄의 역사가 있었다(마 26:41, 눅 22:31-32). 베드로는 잠깐이지만 밀 까부르듯 까부는 사탄의 도구가 되었던 쓰라린 경험을 했다.

배신자, 실패자, 반역자인 그를 변화시킨 것은 정작 무엇이었는가? 주님의 은혜였다. 실의에 찬 그를 다시 찾아오셔서 용서하신 주님의 은혜, 그에게 다시 한 번 기회를 주신 주님의 은혜였다. 그렇게 배신했던 배신자를 초대 교회의 지도자로 삼으신 주님의 은혜 앞에 그는 설복당했다. 베드로는 노력과 의지로도 변화될 수 없는 자신이 주님의 사랑 앞에 변화되는 은혜를 체험했다. 그래서 그는 "오직 우리 주 곧 구주 예수 그리스도의 은혜와 저를 아는 지식에서 자라 가라 영광이 이제와 영원한 날까지 저에게 있을지어다"(벧후 3:18)라고 서신에 썼다. 그는 주 예수 그리스도를 아는 지식과 은혜가 영적 성장의 핵심임을 강조한다.

영적 성장의 열쇠는 하나님의 은혜다.

11_ 어린아이의 일을 버리라

**분별력의 질에 따라 한 사람의 성숙도가 결정된다. 분별력은 지혜다.
예수님을 묵상하고, 예수님의 삶과 말씀을 묵상할 때 지혜가 주어진다.**

영성을 추구한다는 것은 성숙을 추구한다는 것이다. 성경은 신앙에는 분명한 단계가 있음을 보여 준다. 어린아이의 단계가 있고, 청년의 단계가 있고, 장년의 단계가 있다. 이것은 성도의 영적인 나이를 말해 준다.

사도 요한은 신앙의 단계를 다음과 같이 묘사한다. "아이들아 내가 너희에게 쓴 것은 너희가 아버지를 알았음이요 아비들아 내가 너희에게 쓴 것은 너희가 태초부터 계신 이를 알았음이요 청년들아 내가 너희에게 쓴 것은 너희가 강하고 하나님의 말씀이 너희 속에 거하시고 너희가 흉악한 자를 이기었음이라" (요일 2:14). 아이들의 단계에서 아비들의 단계로 성숙해 가는 것이 영성 훈련이다.

바울은 고린도 교회 성도들에게 어린아이의 일을 버리라고 말한다. "내가 어렸을 때에는 말하는 것이 어린아이와 같고 깨닫는 것이 어린아이와 같고 생각하는 것이 어린아이와 같다가 장성한 사람이 되어서는 어린아이의 일을 버렸노라"(고전 13:11). 바울 자신도 어린아이의 단계를 거친 사람이다. 또한 장성한 사람으로 성장해 본 경험이 있는 사람이다. 때문에 어린아이의 일이 무엇인지 안다.

바울은 어린아이의 모습을 이렇게 기록한다. "이는 우리가 이제부터 어린아이가 되지 아니하여 사람의 궤술과 간사한 유혹에 빠져 모든 교훈의 풍조에 밀려 요동치 않게 하려 함이라" (엡 4:14).

어린아이의 특징은 쉽게 유혹에 빠지는 것이다. 유혹에 빠지는 이유는 분별력이 없기 때문이다. 분별력은 지혜이다. 분별력의 질에 따라 한 사람의 성숙도가 결정된다. 사람을 분별하고, 생각을 분별하고, 영의 세계를 분별하는 것은 영적 세계에서 아주 중요하다. 바울은 "형제들아 지혜에는 아이가 되지 말고 악에는 어린아이가 되라 지혜에 장성한 사람이 되라"(고전 14:20)고 말한다. "지혜에 장성한 사람이 되라"는 말은 탁월한 분별력을 소유하라는 뜻이다.

지혜는 어디에 있는가? 예수님 안에 있다. "그 안에는 지혜와 지식의 모든 보화가 감취어 있느니라"(골 2:3). 예수님을 모신 사람은 모든 지혜를 소유한 사람이다. 문제는 그 지혜를 활용하는 방법을 터득하는 데 있다. 지혜는 말씀 묵상의 방법을 통해 주어진다. 예수님을 묵상하고, 예수님의 삶과 말씀을 묵상할 때 지혜가 주어진다. "내가 주의 증거를 묵상하므로 나의 명철함이 나의 모든 스승보다 승하며"(시 119:99). 스승보다 지혜로울 수 있는 길은 말씀 묵상을 통해서 가능하다. 말씀 묵상을 통해서 깨달음과 분별력을 얻게 된다.

바울이 말하는 어린아이의 특징 가운데 또 다른 하나는 요동함이다. 쉽게 흔들리는 것이다. 그 때문에 마음에 평강이 없다. 의심이 많다. 두 마음을 품고 있다. 야고보 사도는 이런 사람에게 "오직 믿음으로 구하고 조금도 의심하지 말라 의심하는 자는 마치 바람에 밀려 요동하는 바다 물결 같으니 이런 사람은 무엇이든지 주께 얻기를 생각하지 말라 두 마음을 품어 모든 일에 정함이 없는 자로다"(약 1:6-8)라고 권면한다.

성숙하다는 것은 심지가 견고하다는 것이다. 이사야는 "주께서 심지가 견고한 자를 평강에 평강으로 지키시리니 이는 그가 주를 의뢰함이니이다"(사 26:3)라고 말한다.

영성 생활은 주를 의지하는 삶이다. 믿음의 주이신 예수님을 바라보고, 오직 주님의 말씀을 신뢰할 때 우리는 흔들림이 없는 성숙의 길에 서게 된다.

12_ 영적 성장과 영적 지식은 비례한다

**인간은 하나님을 아는 것만큼 성장한다. 하나님을 아는 것만큼 변화된다.
영적 성장의 비결은 하나님을 아는 지식에 있다.**

영적 성장과 지식은 밀접한 관계가 있다. 지식에는 두 가지가 있다. 수평적인 세상 지식이 있고, 수직적인 영적 지식이 있다. 세상 지식은 일시적이고 한계가 있다. 세상의 정보는 쉽게 바뀐다. 반면 영적 지식은 무한하고 영원하다.

세상 교육은 이 세상에서 살아가는 기술을 가르쳐 준다. 세상 교육 속에는 교양과 상식이 있다. 그러나 인간을 근본적으로 변화시키지 못한다. 지식의 증가가 인간의 변화를 보장해 주지 않는다. 무수히 많은 정보들이 더 나은 인간을 만들어 내지는 못한다. 어떻게 보면 더 고차원의 죄인을 만들어 내고 있는 것 같다. 외모는 화려하지만 내면의 세계는 더럽고 추하다.

그러나 말씀 교육은 이 세상에서 풍성한 삶을 살게 할 뿐만 아니라 영원한 하나님의 나라를 준비시킨다. 도덕, 상식, 교양을 넘어선 하나님의 형상을 닮은 사람으로 성장시킨다. 영적이며 초자연적인 사람이 되도록 도와준다.

하나님은 우리가 영적 지식을 소유하기 원하신다(호 6:6). 유대인들은 자녀들을 양육할 때 영적 지식을 잘 담기 위한 그릇으로 세상 교육을 받게 한다. 수직적인 지식을 잘 담기 위한 그릇으로 수평적인 교육을 강조한 것이다. 유대인들은 가정에서 뱀처럼 지혜롭게 가르치는 세상 사람들의 교육 방법론과 기술을 통해 하나님의 말씀을 가르쳤다.

하나님의 백성에게 있어 분명한 말씀 교육의 목표는 하나님을 아는 지식에 있다. 호세아 선지자는 "내 백성이 지식이 없으므로 망하는도다 네가 지식을 버렸으니 나도 너를 버려 내 제사장이 되지 못하게 할 것이요 네가 네 하나님의 율법을 잊었으니 나도 네 자녀들을 잊어버리리라"(호 4:6)고 외쳤다. 호세아가 말한 지식은 하나님을 아는 지식이다. 하나님을 아는 지식이 없을 때 인간은 망할 뿐 아니라 성장하지도 못한다. 인간은 하나님을 아는 것만큼 성장한다. 하나님을 아는 것만큼 변화된다. 하나님을 아는 지식의 크기만큼 그 인생의 크기가 결정된다.

바울은 영적 성장의 비결을 하나님을 아는 지식에 두었다. "우리가 다 하나님의 아들을 믿는 것과 아는 일에 하나가 되어 온전한 사람을 이루어 그리스도의 장성한 분량이 충만한 데까지 이르리니"(엡 4:13).

베드로도 같은 경험을 한 사람으로 성장의 원리를 예수님을 아는 것으로 보았다. "오직 우리 주 곧 구주 예수 그리스도의 은혜와 저를 아는 지식에서 자라 가라 …"(벧후 3:18).

요한도 마찬가지다. 영적 성숙의 단계를 말하면서 아비의 단계에 들어선 사람들의 성장의 근거를 하나님을 아는 지식에 두고 있다. "아비들아 내가 너희에게 쓰는 것은 너희가 태초부터 계신 이를 앎이요…"(요일 2:13).

영적 성장을 갈망하는 사람은 하나님 알기를 힘써야 한다. 호세아는 "그러므로 우리가 여호와를 알자 힘써 여호와를 알자 그의 나오심은 새벽빛같이 일정하니 비와 같이, 땅을 적시는 늦은 비와 같이 우리에게 임하시리라 하리라"(호 6:3)고 권면한다.

하나님을 알아 가는 것은 하나님의 은혜이다. 하나님이 자신을 보여 주실 때 우리는 하나님을 알게 된다. 그 은혜의 방편으로 말씀과 성령님을 선물로 주셨다. 성령님 안에서 말씀을 읽을 때 하나님을 알고 경험하게 된다. 이 지식은 단순히 머리로 아는 것이 아니라 하나님을 맛보아 아는 것이다(시 34:8).

13_ 영적 성장은 깊은 깨달음에서 온다

열매 맺는 비결은 말씀을 듣고 깨닫는 것이다.
깨닫는 사람은 순종하고, 순종하는 사람은 열매를 맺는다.

영성의 깊이는 깨달음의 깊이다. 하나님은 모든 문제의 핵심을 깨달음으로 보신다. 시편 기자는 "존귀에 처하나 깨닫지 못하는 사람은 멸망하는 짐승 같도다"(시 49:20)라고 말한다. 짐승과 인간의 차이는 깨달음에 있다. 깨닫지 못하는 사람은 남을 깨우칠 수 없다. 때문에 깨우치기 원하는 사람은 먼저 깨닫기를 힘써야 한다. 그래서 이사야는 "주 여호와께서 학자의 혀를 내게 주사 나로 곤핍한 자를 말로 어떻게 도와줄 줄을 알게 하시고 아침마다 깨우치시되 나의 귀를 깨우치사 학자같이 알아듣게 하시도다"(사 50:4)라고 기도했다.

예수님은 깨우치기 위해 오셨다. 예수님은 하나님의 나라를 말씀하실 때 깨우침을 가장 중요하게 다루셨다. 예수님은 "그러므로 내가 저희에게 비유로 말하기는 저희가 보아도 보지 못하며 들어도 듣지 못하며 깨닫지 못함이니라"(마 13:13)는 말씀을 통해 하나님의 나라와 깨달음이 밀접한 관계가 있음을 가르치셨다. 씨 뿌리는 비유에서 길가에 뿌려진 씨앗을 설명하시며, 말씀을 들어도 깨닫지 못하면 악한 자가 와서 그 마음에 뿌려진 것을 빼앗는다고 하셨다(마 13:19). 열매 맺는 좋은 땅에 관해 예수님이 하신 말씀을 주의해 보라. "좋은 땅에 뿌리웠다는 것은 말씀을 듣고 깨닫는 자니 결실하여 혹 백 배, 혹 육십 배, 혹 삼십 배가 되느니라"(마 13:23).

열매 맺는 비결은 말씀을 듣고 깨닫는 것이다. 깨닫는 사람은 순종하고, 순종하는 사람은 열매를 맺는다.

열매 맺는 영성인 깊은 깨달음은 어디서 오는가? 씨는 말씀이다. 말씀을 깨닫는 영적 비결을 우리는 성경에서 배울 수 있다.

첫째, 영적 안내자들이 말씀을 깨닫도록 도와준다. 성령님의 인도를 받은 빌립이 에티오피아에서 온 내시를 만났을 때 그는 이사야의 글을 읽고 있었다. 빌립이 내시에게 "읽는 것을 깨닫느뇨"(행 8:30) 하고 물었다. 그때 내시가 한 말에 주의해야 한다. "지도하는 사람이 없으니 어찌 깨달을 수 있느뇨"(행 8:31). 좋은 영적 안내자는 말씀을 잘 깨우쳐 준다. 영적 안내자는 깨달은 자요, 남을 깨우칠 수 있는 자이다. 깨우침은 길이다. 길을 보고, 길을 알고, 길을 안내하는 것이 영적 지도자의 일이다.

둘째, 성령님이 말씀을 깨닫도록 도우신다. "보혜사 곧 아버지께서 내 이름으로 보내실 성령 그가 너희에게 모든 것을 가르치시고 내가 너희에게 말한 모든 것을 생각나게 하시리라"(요 14:26). 성령님은 말씀에 빛을 비추어 주신다. 성령님이 비밀스런 말씀들을 비추실 때 깨달음을 얻게 된다. 요한은 우리 안에서 가르치시는 성령님의 기름 부음을 강조한다. "…오직 그의 기름 부음이 모든 것을 너희에게 가르치며…"(요일 2:27). 성령님은 우리 안에서 말씀을 열어 주신다.

셋째, 기도하는 사람이 말씀을 깨닫는다. 다니엘이 예레미야가 기록한 예언의 말씀을 읽다가 바벨론 포로가 끝나는 70년의 연수를 깨닫는다(단 9:2). 그때 다니엘이 더 깊은 깨달음을 얻기 위해 금식하며 기도한다(단 9:3). 하나님은 그 기도를 들으시고 천사를 통해 응답하신다. "그가 내게 이르되 다니엘아 두려워하지 말라 네가 깨달으려 하여 네 하나님 앞에 스스로 겸비케 하기로 결심하던 첫날부터 네 말이 들으신바 되었으므로 내가 네 말로 인하여 왔느니라"(단 10:12). 이 말씀에서 깨닫기를 사모하는 다니엘의 겸손을 보게 된다. 다니엘의 기도는 바로 그 겸손에서 나온 것이다.

깨닫기를 사모하고, 겸손히 기도하자.

14_ 영적 성장은 지각을 사용하는 훈련을 통해 온다

**잘 단련되고 다듬어진 육체가 경주에서 잘 달릴 수 있듯이,
잘 훈련되고 온전히 형성된 정신이 최선의 생각을 해낼 수 있다.**

어린아이와 장성한 자의 차이는 지각을 사용하는 능력에 있다. 성경은 "단단한 식물은 장성한 자의 것이니 저희는 지각을 사용하므로 연단을 받아 선악을 분변하는 자들이니라"(히 5:14)고 말한다. 장성한 자는 지각을 사용할 줄 알아야 한다. 연단을 받는다는 것은 지속적으로 훈련한다는 것이다. 지각을 훈련한 결과는 선악을 분변하는 것이다. 분변은 성숙의 결과다.

하나님께 인정받는 일꾼이 되는 것은 분변과 관계된다. 우리

는 "무조건 믿으라"는 말을 많이 들어 왔다. 성경은 무조건 믿으라고 하지 않는다. 믿음에는 분명한 대상과 내용이 있다. 맹목적인 믿음은 진정한 믿음이 아니다. 분별력 있는 믿음이 참 믿음이다. 성장한다는 것은 맹목적인 믿음에서 지식을 소유한 믿음의 자리에 이르는 것이다.

바울은 영의 아들 디모데에게 "네가 진리의 말씀을 옳게 분변하며 부끄러울 것이 없는 일꾼으로 인정된 자로 자신을 하나님 앞에 드리기를 힘쓰라"(딤후 2:15)고 권면한다. 말씀을 옳게 분변하려면 지각을 사용하는 능력이 있어야 한다. 지각을 사용한다는 것은 생각을 깊이 한다는 것이다.

우리의 많은 문제는 생각의 게으름에서 온다. 스캇 펙은 원죄를 "생각의 게으름"으로 본다. 아담과 이브에게 사탄이 찾아와서 하나님이 하신 말씀에 의심을 품게 했을 때 그들은 깊이 생각하지 않았다. 만약에 아담과 이브가 사탄의 음성을 들었을 때, 깊은 생각 속에서 하나님의 말씀과 사탄의 음성을 비교하고, 분석하고, 분별했다면 에덴동산의 비극은 일어나지 않았을 것이다. 결국 원죄의 뿌리는 교만과 불순종 이전에 '생각의 게으름'에서 온 것이다.

그 때문에 바울은 "모든 이론을 파하며 하나님 아는 것을 대적하여 높아진 것을 다 파하고 모든 생각을 사로잡아 그리스도에게 복종케 하니"(고후 10:5)라고 말씀한다. 모든 생각을 사로잡아 그리스도에게 복종시키려면 깊이 사고하고 분석할 수 있는 능력이 필요하다.

가롯 유다의 비극도 생각의 게으름에서 시작되었다. 요한은 "마귀가 벌써 시몬의 아들 가롯 유다의 마음에 예수를 팔려는 생각을 넣었더니"(요 13:2)라고 기록하고 있다. 유다는 예수를 팔려는 사탄의 생각을 사로잡아 그리스도에게 복종시키지 못했다. 결국 생각의 훈련이 안 되었던 것이다.

육체를 훈련하듯 생각에도 훈련이 필요하다. 육체를 훈련하려면 고통스러운 과정을 거쳐야 한다. 그러나 일단 훈련된 육체에는 자유함이 있다. 훈련된 수영 선수를 생각해 보라. 고된 훈련 결과 그는 물 속에서 자유를 누릴 수 있다. 최상의 컨디션은 지속적인 훈련의 결과다.

최선의 생각도 저절로 되는 것이 아니다. 고된 훈련의 과정을 거친다. 생각은 많은 정보를 수집, 종합, 비교, 분석, 분별하는 작업을 통해 훈련된다. 이 과정을 통해서 예상되는 많은 문제들을 미리 막을 수 있다. 고든 맥도날드는 "생각한다는 것은 위대한 일이다. 마치 잘 단련되고 다듬어진 육체가 경주에서 잘 달릴 수 있듯이, 잘 훈련되고 온전히 형성된 정신이 최선의 생각을 해낼 수 있다"고 말했다.

지각을 사용하는 생각의 훈련을 할 때 우리는 그 목적을 잊어서는 안 된다. 최선의 사고를 추구하는 목표는 하나님을 경외하며, 하나님께 영광을 돌리는 데 있다. 영적 성숙의 목표는 하나님을 영화롭게 하는 것이다. 영적 성장은 지속적인 지각의 훈련을 통해서 온다. 최상의 지각 훈련은 지속적인 독서와 학습임을 기억하라.

15_ 어린 양에서 사자로 성장하라

하나님 앞에서는 목자 없이 살 수 없는 어린 양 같아야 한다.
그러나 죄와 세상과 사탄을 향해서는 사자처럼 용맹스럽게 행동해야 한다.

예수님에게서 우리는 양과 사자의 모습을 볼 수 있다. 예수님은 십자가에서 돌아가신 어린 양이시면서 동시에 유대의 사자로서 만왕의 왕이시다(계 5:6).

어린 양이신 예수님의 모습을 이사야 선지자는 이렇게 예언했다. "그가 곤욕을 당하여 괴로울 때에도 그 입을 열지 아니하였음이여 마치 도수장으로 끌려가는 어린 양과 털 깎는 자 앞에 잠잠한 양같이 그 입을 열지 아니하였도다"(사 53:7).

그렇지만 예수님은 왕이셨다. 빌라도가 "네가 유대인의 왕이냐"고 묻는 말에 예수님은 "네 말이 옳도다"라고 대답하셨다(마 27:11). 예수님의 말씀 앞에 바다도 복종했다. 죽음도 복종했다. 예수님은 죽은 나사로를, 나인 성 과부의 아들을 살리셨다. 예수님의 말씀 앞에 귀신도 복종했다. 산천초목이 복종했다. 하늘과 땅의 모든 권세를 가지신 예수님은 만왕의 왕이요, 만주의 주이신 것이다(마 28:18). 주님의 삶은 양과 사자 두 가지 모습의 완전한 조화였다.

다른 차원이긴 하지만, 하나님은 우리에게도 예수님처럼 두 가지 모습을 원하신다. 하나님은 우리를 양으로 부르셨다. "우리는 다 양 같아서 그릇 행하여 각기 제 길로 갔거늘 여호와께서는 우리 무리의 죄악을 그에게 담당시키셨도다"(사 53:6).

우리는 이사야가 말한 것처럼 양과 같은 존재이다. 양은 혼자서 존재할 수 없다. 목자가 필요하다. 양은 연약하다. 양은 안내자가 필요하다. 길을 잃으면 스스로 집을 찾아갈 수 없는 존재가 양이다. 이것이 인간의 실존이다. 우리는 하나님과의 관계에 있어서는 철저히 양과 같이 되어야 한다. 우리는 목자 되시는 하나님을 떠나서는 존재할 수 없다. 주님은 "나를 떠나서는 너희가 아무것도 할 수 없음이라"(요 15:5)고 말씀하셨다. 이 말씀은 진리이다. 주님을 떠나서는 아무것도 할 수 없다. 우리는 영원히 주님을 의지해야 한다. 예수님은 우리의 원천이 되신다. 생명 줄과 같다. 모든 것이 주님으로부터 온다. 그렇다면 우리가 사자처럼 되어야 한다는 말은 무엇을 의미하는 것인가?

사자는 정글의 왕이다. 왕은 다스리는 자이다. 성경은 믿는 우리를 가리켜서 "왕 같은 제사장"이라고 말씀한다(벧전 2:9). "참으면 또한 함께 왕 노릇 할 것이요"라고 말씀한다(딤후 2:12). 이 말씀 속에서 우리 안에 왕의 피가 흐르고 있다는 것을 알 수 있다. 우리는 하나님 앞에서는 어린 양과 같이 되어야 한다. 또한 성도들과의 관계에서는 희생하는 어린 양처럼 살아야 한다. 그러나 죄와 세상과 사탄을 향해서는 사자처럼 용맹스럽게 행동해야 한다.

우리 안에는 아들의 권세가 있다(요 1:12). 하나님은 하늘과 땅의 모든 권세를 예수님에게 주셨다. 주님은 그 권세를 제자들과 우리에게 주셨다. 누가는 이 사실을 "예수께서 열두 제자를 불러모으사 모든 귀신을 제어하며 병을 고치는 능력과 권세를 주시고"(눅 9:1)라고 기록한다. 우리는 이 권세를 가지고 다스리는 삶을 살아야 한다. 환경에 적응하는 것을 넘어서 환경을 다스려야 한다. 사탄의 세력을 물리쳐야 한다. 죄의 노예가 되어서는 안 된다. 죄를 다스려야 한다. 바울은 "…더욱 은혜와 의의 선물을 넘치게 받는 자들이 한 분 예수 그리스도로 말미암아 생명 안에서 왕 노릇 하리로다"(롬 5:17)라고 말한다.

하나님 앞에서는 양의 모습을, 세상을 향해서는 사자처럼 왕 같은 제사장으로 살아가야 한다. 왕 노릇 해야 한다.

16_ 경건의 훈련은 성장을 위한 은혜의 수단이다

그리스도의 제자는 배우고 훈련하는 사람이다.
제자의 길에 선 사람들은 은혜 아래서 훈련하기를 힘써야 한다.

인간은 하나님의 은혜로만 변화될 수 있다. 리처드 포스터는 "우리 속의 필요한 변화는 하나님의 일이지 우리의 일이 아니다. 필요한 일은 내부의 일에 대한 것이며 오직 하나님만이 내부의 일을 하실 수 있다"고 말한다. 진정한 변화는 일시적으로 행동을 고치는 인스턴트식 외적 변화가 아니다. 근본적인 변화는 내부에서 일어난다. 그 내부에서 일어난 변화가 외부로 나타날 때 참된 변화를 경험한다.

그렇다면 우리의 내부에서 누가 일하고 계신가? 바울은 이 질문에 대한 대답을 제시한다. "너희 속에 착한 일을 시작하신 이가 그리스도 예수의 날까지 이루실 줄을 우리가 확신하노라"(빌 1:6). 우리 속에서 착한 일을 시작하신 이는 하나님이시다.

우리는 하나님이 어떻게 우리 안에서 속사람을 변화시키는 일을 행하고 계시는지 알아야 한다. 하나님은 우리 안에 소원을 두고 행하게 하심으로 우리를 변화시키신다. 바울은 "너희 안에서 행하시는 이는 하나님이시니 자기의 기쁘신 뜻을 위하여 너희로 소원을 두고 행하게 하시나니"(빌 2:13)라고 말한다. 다윗도 "여호와를 기뻐하라 저가 네 마음의 소원을 이루어 주시리로다"(시 37:4)라고 말한다. 하나님은 우리 안에서 소원을 두고 행하신다. 얼마나 놀라운 진리이며 복된 은혜인가!

하나님이 우리가 변화되어야 할 부분을 아시고, 변화에 대한 열망을 주시는 것이다. 우리는 주신 소원을 따라 기도하고, 그 소원을 이루기 위해 실천에 옮기면 된다. 실천에 옮기는 구체적인 경건의 연습이 영성 훈련이다.

경건의 훈련이란 우리 내부에서 일으켜 주신 하나님의 소원을 실천하는 것이다. 우리는 훈련이라고 하면 딱딱하고 율법적인 이미지를 떠올린다. 그러나 성경의 진리에 접해 보면 훈련만큼 큰 은혜의 수단은 없다. 훈련은 하나님이 우리를 변화시키시는 은혜의 방편이다.

내가 한때 혼돈스러웠던 것은, 변화와 성장을 위해 어디까지가 하나님이 하실 일이며 어디까지가 내가 해야 할 일인가 하는 문제였다. 이 혼돈에서 나를 자유케 해준 말씀이 있다. 바울은 골로새 교인들에게 보낸 서신에, "이를 위하여 나도 내 속에서 능력으로 역사하시는 이의 역사를 따라 힘을 다하여 수고하노라"(골 1:29)고 기록한다. 나의 힘으로 수고하는 것이 아니다. 내 속에서 능력으로 역사하시는 힘을 따라 수고하는 것이다. 훈련이 혼자만의 수고와 의지와 노력에 의존해야 한다면 그것은 고통일 것이다. 그러나 하나님은 변화에 대한 소원을 우리 안에 주실 뿐만 아니라 우리 안에 그것을 감당할 수 있는 능력을 주신다. 바울은 성장을 위해 은혜와 훈련에 균형을 잘 이룬 사람이다.

바울은 은혜 속에 살았던 사람이다. 동시에 자신을 훈련하는 일에도 탁월했던 사람이다. 바울은 자신의 삶을 운동 경기에 비유했다. 운동선수가 목적을 달성하기 위해 자신을 쳐 복종시키는 것처럼 살아간다고 말했다(고전 9:24-27). 사실 은혜와 훈련은 분리할 수 없다. 은혜 속에 훈련이 감추어져 있다. 훈련 속에 은혜가 감추어져 있다. 은혜를 주시는 성령님은 훈련의 영이시다. 성령님이 영적 훈련을 주도하신다. 기도, 금식, 묵상, 침묵, 그리고 절제와 같은 영성 훈련은 성령님의 인도 아래 있다. 예수님도 성령님께 이끌리어 광야에서 40일을 금식하셨다. 예수님도 공생애 기간 동안 성령님의 인도하심 앞에 자신을 맡기셨다.

기억해야 할 사실은 오직 성령님의 은혜로 훈련할 수 있는 힘을 소유할 수 있다는 것이다. 우리 안에 소원을 두고 행하게 하시는 하나님의 은혜에 감사하자. 그리스도의 제자는 배우고 훈련하는 사람이다. 특별히 제자의 길에 선 사람들은 은혜 아래서 훈련받기를 자처하는 사람임을 명심하자.

4부 영성 훈련

하나님의 사람은 광야에서 만들어진다.
그는 광야 학교에서 하나님이 쓰시기 합당한 그릇으로 빚어진다.
분별의 지혜가 자라고, 하나님의 음성에 민감한 말씀과 기도의 사람으로 다시 태어난다.
자아를 깨뜨려 섬기고 사랑할 줄 아는 영적 거목으로 자라난다.

17_ 광야에서 만들어지는 하나님의 사람

> **탁월한 항해사가 거친 바다에서 만들어지듯이
> 하나님의 사람은 거친 광야와 거친 사막에서 만들어진다.**

하나님의 사람은 어디서 만들어지는가? 광야에서 만들어진다. 하나님이 쓰신 인물들은 모두 광야 학교에서 만들어졌다.

광야 학교의 대표적인 인물이 모세다. 모세가 40년 동안 애굽의 궁전에서 훈련받았을 때 하나님은 그를 부르지 않으셨다. 스데반은 "모세가 애굽 사람의 학술을 다 배워 그 말과 행사가 능하더라"(행 7:22)고 말한다. 모세는 본래 말을 못하는 사람이 아니다. 스데반은 모세가 말에 능했고, 행사에도 능했다고 증거한다. 역사가 요세푸스는 애굽의 궁중에 있을 때 모세의 지도력은 탁월했고, 전쟁에 나가면 승리를 가져오는 용장이었다고 기록했다. 모세의 나이 40세가 되었을 때, 그는 세상적으로 모든 것이 다 갖추어졌다고 생각했다. 그는 스스로 체력, 지력, 언어의 감화력과 지도력을 겸비했다고 확신했다. 모세는 애굽 사람을 단숨에 죽일 만큼 강했다(출 2:11-12). 그는 육신의 힘을 가지고 민족을 구원하려고 했다. 그러나 하나님은 그때 모세를 부르지 않으셨다.

하나님은 자기 과신에 빠져 있는 모세를 광야로 보내셨다. 미디안 광야로 보내셔서 40년을 광야에서 훈련받게 하셨다. 신명기 33장 1절은 모세를 "하나님의 사람"이라고 부르고 있다. 바로의 공주의 아들이라는 칭호에서 "하나님의 사람"이라는 칭호를 얻기까지 모세는 40년의 궁중 생활과 40년의 광야 생활을 거쳤다. 하나님이 광야에서 그를 만드신 것이다.

하나님의 사람은 화려한 궁중에서 만들어지지 않는다. 안락한 교실에서 만들어지지 않는다. 편안한 기숙사에서 만들어지는 것도 아니다. 마치 탁월한 항해사가 거친 바다에서 만들어지듯이 하나님의 사람은 거친 광야와 거친 사막에서 만들어진다.

광야는 외로운 곳이다. 광대하고 위험한 곳이다. 불뱀과 전갈이 있고, 물이 없는 건조한 땅이 바로 광야다(신 8:15). 예레미야 선지자는 "광야 곧 사막과 구덩이 땅, 간조하고 사망의 음침한 땅, 사람이 다니지 아니하고 거주하지 아니하는 땅을 통과케 하시던 여호와께서"(렘 2:6)라고 말한다.

왜 하나님은 자기 사람들을 광야로 보내시는가? 하나님이 쓰시기에 합당한 그릇들로 만드시기 위해서다. 광야에서 배우는 것은 지식이나 정보가 아니다. 기술이나 방법을 배우는 것도 아니다. 광야에서 대화의 기술이나 단시간 내에 크게 성공할 수 있는 비결을 배우는 것도 아니다. 사람들의 인기를 독점하고, 경쟁에서 이기는 비법을 터득하는 것도 아니다.

화려한 궁중에서 모세는 지력, 체력, 그리고 세상에서 승리할 수 있는 기술을 익혔다. 그러나 성품을 변화시키지는 못했다. 궁중 교육이 모세에게 지식과 정보는 제공해 주었지만, 인격을 변화시키지는 못했다. 하나님은 광야에서 모세의 성품을 변화시키셨다. 원망과 불평으로 가득 찬 이스라엘 백성을 온유함으로 품을 수 있는 성품은 광야에서 만들어졌다.

광야는 하나님의 사람이 변화되는 곳이다. 육의 사람이 영의 사람이 되는 곳이다. 바로의 공주 아들이 하나님의 사람으로 변화되는 곳이다. 광야는 육신을 의지했던 사람이 하나님을 의지하는 사람으로 변화되는 곳이다. 하나님의 사람은 광야에서 만들어진다. 광야에서 하나님의 말씀과 성령님께 길들여진다. 광야 학교는 고난의 학교이다. 그러나 광야 학교에서 평범한 사람이 비범한 하나님의 사람으로 변화된다. 양이 사자로 변화된다.

광야를 두려워 말라. 광야를 사랑하라.

18_ 기다림의 훈련

하나님의 때는 반드시 찾아온다. 그리고 항상 정확하다.
그러므로 기다리라. 하나님의 때를 기다리는 것은 결코 낭비가 아니다.

하나님의 사람들이 광야에서 받는 첫 번째 수업은 기다리는 것이다. 모세의 실수는 조급함에 있었다. 모세는 하나님보다 앞서 행동했다. 40세가 되었을 때, 모세는 하나님이 자신을 사용하시리라고 생각했다. 그러나 하나님은 모세가 80세 되었을 때 부르셨다. 하나님의 때는 우리의 생각보다 대체로 더디게 온다. 오스왈드 챔버스는 "하나님의 그 크신 여유를 한번 생각해 보십시오! 그분은 결코 서두르지 아니하십니다"라고 말했다. 우리는 급하지만 하나님은 급하지 않으시다. 그러나 하나님의 때는 반드시 찾아온다. 그리고 항상 정확하다.

성경에 나오는 인물 가운데 하나님이 귀히 사용하신 사람일수록 많은 시간을 기다려야 했다. 기다리는 동안 하나님은 그 사람의 인격을 성숙하게 만드셨다. 하나님은 우리가 얼마나 많은 일을 하고, 얼마나 큰일을 하느냐보다 우리가 누구인가에 관심이 있으시다. 그리스도인에게 있어서는 "그가 어떤 사람인가" 하는 문제가 "그가 무엇을 할 수 있느냐"보다 훨씬 중요하다. 인격이 결여된 하나님의 사역은 아무리 대단해 보일지라도 하나님이 기뻐하지 않으신다. 인격이 없는 사역은 단지 종교 사업이나 종교 활동에 지나지 않는다. 그래서 헨리 마틴은 "지상에서 최대 사업은 내 자신의 영혼을 성화시키는 일임을 내게 가르치소서"라고 말했다.

광야 학교에서 받는 기다림의 훈련은 결코 쉬운 것이 아니다. 기다림은 고통이다. 모세가 40년을 잊혀진 존재로 살아야 했을 때, 그것은 고통이었다. 가장 큰 고통은 하나님의 침묵이었다. 사람에게만 잊혀진 것이 아니라 하나님마저 자신을 잊으셨다는 생각이 그를 더욱 고통스럽게 만들었을 것이다. 요셉이 13

년을 보디발의 집에서 종살이할 때와 2년 동안 옥중에 있을 때, 그의 꿈은 끝난 것처럼 느껴졌을지 모른다. 다윗이 사울의 추적을 받으며 그의 나이 30세에 왕이 되기까지, 그 기다림은 고통이었을 것이다.

고통 중에도 하나님의 사람들은 기다림의 학교에서 다른 사람들과 달랐다. 보통 사람들은 원망하고 세월을 낭비할 때, 하나님의 사람들은 자신의 성품뿐만 아니라 내일의 사역을 준비했다. 기다리면서 기도했다. 기다리면서 계획을 세웠다. 기다리면서 준비했다. 기다리면서 꿈을 키웠다.

요셉은 기다리는 13년 동안 애굽의 문화와 언어를 익혔다. 하나님이 국무총리로 그를 사용하시기에 조금도 부족함이 없도록 그의 인격뿐만 아니라 그의 실력을 쌓았다. 실력이란 일을 감당할 수 있는 능력을 의미한다. 참된 실력이란 인격적 감화력을 겸한 능력을 말한다. 다윗도 기다리는 동안 어진 왕의 덕성을 쌓았다. 자신의 원수까지도 품을 수 있는 아름다운 인품을 준비했다.

하나님의 사람들은 기다리면서 하나님의 역사를 기대했다. 하나님의 사람들이 기다리는 동안 하나님은 자기 사람들을 위해 역사의 무대를 준비하고 계셨다. 하나님은 모세를 위해 그의 생명을 찾던 사람들을 데려가셨다(출 4:19). 애굽 왕을 굴복시킬 10가지 재앙을 준비하고 계셨다. 200만 이스라엘 백성이 홍해를 건너는 위대한 역사를 예비하고 계셨다.

   기다림은 낭비가 아니다. 기다림은 하나님의 사람의 미래를 준비하시는 하나님께 시간을 드리는 것이다.

19_ 하나님의 때를 분별하는 훈련

**하나님은 인간이 생각하는 때가 아니라 하나님의 때를 따라 움직이신다.
하나님의 때보다 우리가 앞서 행동할 때, 그 결과는 비참하다.**

영적 지도자에게 필요한 것은 하나님의 때를 분별하는 것이다. 하나님의 사람들은 때를 분별할 줄 알아야 한다. 성경에서 세우는 지도자의 자격을 역대상 12장 32절에서는 "잇사갈 자손 중에서 시세를 알고 이스라엘이 마땅히 행할 것을 아는 두목이 이백 명이니 저희는 그 모든 형제를 관할하는 자며"라고 말한다. 시세를 안다는 것은 시대를 알고, 때를 안다는 것이다. 하나님은 때를 분별할 줄 아는 사람을 사용하신다.

하나님은 모세를 광야로 보내셔서 하나님의 때를 기다리게 하셨다. 때를 분별하는 훈련을 시키셨다. 하나님이 모세를 부르신 때를 스데반은 "사십 년이 차매 천사가 시내 산 광야 가시나무 떨기 불꽃 가운데서 그에게 보이거늘"(행 7:30)이라고 말한다. 하나님의 때가 차매 하나님이 모세를 부르신 것이다. 모세는 그의 나이 40세가 되었을 때, 하나님이 자기 손을 빌어 민족을 구원하실 것이라고 생각했다. 그러나 하나님의 때는 달랐다. 모세의 나이 80세가 차기까지 하나님은 기다리셨다. 하나님은 인간이 생각하는 때가 아니라 하나님의 때를 따라 움직이신다.

하나님의 때보다 우리가 앞서 행동할 때, 그 결과는 비참하다. 아브라함도 모세와 같은 실수를 범한 사람이다. 하나님이 75세의 아브라함에게 약속하신 아들 이삭을 주시기까지 25년이 필요했다. 그런데 아브라함과 사라는 그때를 기다리지 못하고 성급하게 하갈을 통해서 이스마엘을 낳았다. 하나님은 아브라함이 이스마엘을 낳은 후 아브라함에게 13년 동안 침묵하셨다. 아브라함은 성급하게 하나님의 때를 앞당기려다가 엄청난 실수를 저질렀다. 지금까지도 계속되는 이스라엘과 중동의 전쟁은 이삭과 이스마엘 후예들의 싸움인 것이다. 그 원뿌리는 바로 아브라함이 하나님의 때를 인간의 방법, 육신의 생각으로 앞당기려 한 데서 온 것이다.

하나님의 때를 분별하지 못하는 사람들의 특징은 성급함에 있다. 인내하지 못하는 것이 문제다. 그래서 하나님은 모세가 광야에 있는 동안 인내하는 훈련을 시키셨다. 인내를 통해서 모세에게 나타난 성품이 온유이다. 성경은 "이 사람 모세는 온유함이 지면의 모든 사람보다 승하더라"(민 12:3)고 말한다.

온유함은 타고난 성품이 아니다. 성령님의 열매이다. 온유함이란 야생마가 길들여져서 준마가 되는 것과 같다. 모세의 과격하고 거친 성품이 하나님의 때를 기다리는 동안 온유한 성품으로 변화되었다. 온유한 성품이 중요한 것은, 온유한 자만이 하나님의 때를 기다릴 수 있고 하나님의 때를 분별할 수 있기 때문이다.

하나님의 사람은 때를 분별해야 한다. 하나님의 때보다 앞서 행동하면 안 된다. 하나님의 음성을 듣기 전에 움직여서는 안 된다. 예수님은 때를 따라 움직이셨다. 예수님은 사역 초기에 "내 때가 아직 이르지 아니했다"(요 2:4, 7:6)는 말씀을 자주하셨다.

제자들을 양육하신 주님은 3년이 되도록 십자가에 대해서 말씀하지 않으셨다. 예수님이 십자가의 죽음에 대해 말씀하신 때는 가이사랴 빌립보 지방에서 베드로의 신앙 고백을 들으신 후였다(마 16:13-21). 예수님은 무엇을, 언제 가르치셔야 하는지도 알고 계셨다.

광야를 통과한 하나님의 사람들은 하나님의 때를 따라 움직인다.

20 _ 홀로 있는 훈련

고독은 하나님과 깊은 친교 속에 들어가는 것이다.
하나님은 하나님과 함께 가며 홀로 있음을 즐거워하는 사람을 찾으신다.

광야의 학교는 외로움의 학교이다. 깊이 있는 영성을 소유하기 위해서는 이 외로움이라는 학교에 입학하지 않으면 안 된다. 하나님의 사람이 되는 과정에서 통과해야 할 수업이 있다면 외로움이다. 하나님은 외로움을 통해서 우리를 성숙시키신다. 광야는 황량한 곳이다. 사람이 없다. 다만 홀로 있어야 한다. 거기서 하나님은 자기 사람들을 준비시키신다. 깊이 있는 사람은 홀로 있음을 통해서 만들어진다.

토저는 "이 세상에서 위대한 사람들은 대부분 외로웠다. 외로움이란 성도가 자신의 성스러움을 위해 지불해야 하는 대가인 것 같다"고 말했다. 모세도, 세례 요한도, 예수님도 그리고 바울도 외로웠다. 왜 하나님은 성도에게 외로움을 통과하게 하시는가? 왜 홀로 있게 하시는가? 홀로 있을 때 하나님을 만날 수 있기 때문이다. 모세가 하나님을 만났던 장소는 화려한 궁중이 아니었다. 오히려 외로운 광야에서 하나님을 만났다.

홀로 있을 때 우리는 하나님을 만날 수 있고, 자신을 돌아볼 수 있다. 자신을 성찰하는 것은 아름다운 것이다. 자신을 성찰하는 것은 영혼을 가진 인간만이 할 수 있다. 자신의 성찰을 포기한 사람은 인간 됨을 포기한 것이다. 우리가 홀로 있는 시간에 하나님은 자신을 계시하신다. 하나님은 하나님 자신을 보여 주심으로써 우리 자신을 깊이 성찰하게 하신다.

헨리 나우웬은 외로움과 고독을 구분했다. 단순히 홀로 있음과 고독을 구분했다. 외로움을 '광야'로, 고독을 '동산'으로 묘사한다. 외로움이라는 광야를 아름다운 꽃이 피고 풍성한 열매를 맺는 동산으로 변화시키는 것을 고독으로 보았다. 고독은 단순한 외로움이 아니다. 고독은 하나님 앞에 있는 것이다. 고독은 하나님과 함께 있는 것이다. 외로움은 고통스러운 것이다. 그러나 고독은 하나님과의 깊은 친교 속에 들어가는 것이다. 나우웬은 "외로움으로부터 고독으로 가는 움직임이 모든 영적인 삶의 시작이다"라고 말했다.

하나님 앞에서 홀로 있는 시간을 가져야 한다. 고독은 축복이다. 고독은 하나님의 은혜의 시간이다. 홀로 있음을 두려워 말라. 토저는 "큰 독수리는 홀로 날아간다. 큰 사자는 홀로 사냥한다. 위대한 사람들은 홀로 간다"고 말했다. 하나님은 하나님과 함께 가며 홀로 있음을 즐거워하는 사람을 찾으신다.

하나님은 모세로 하여금 백성들과 함께 있게 하시기 전에 광야에서 홀로 있게 하셨다. 홀로 있음이 목표가 아니다. 함께 있게 하기 위해 홀로 있게 하신다. 디트리히 본회퍼는 "홀로 있지 못하는 사람은 공동생활을 조심하도록 하라. 공동생활 속에 있지 않은 사람은 홀로 있기를 조심하도록 하라"고 말한다. 또한 그는 "홀로 있지 못하는 사람과의 친교는 공허한 말과 감정에 빠지게 되고, 친교 없는 홀로 있기를 추구하는 사람은 공허한 깊은 구렁과 자기도취와 절망에 빠진다"고 말했다.

균형을 이루어야 한다. 오늘 우리에게 모세와 같은 광야는 없다. 광야는 단순히 특정 장소를 의미하는 것만은 아니다. 홀로 있을 수밖에 없는 고난의 현주소요, 내적 상태일 수 있다. 하나님은 바로 그 곳에서 우리를 만나기 원하신다.

함께 있기 위해 홀로 있고, 홀로 있기 위해 함께 있어야 한다.

21_ 하나님의 음성을 듣는 훈련

사랑의 첫째 의무는 듣는 것이다. 사랑은 듣는 중에 깊어진다.
광야가 아름다운 정원이 되는 때는 하나님의 음성을 듣는 순간이다.

조용한 광야는 하나님의 음성을 듣는 장소이다. 하나님이 모세를 미디안 광야로 보내신 것은 하나님의 사람으로 만드시기 위해서다. 하나님의 사람은 하나님의 음성을 들어야 한다. 사람의 소리가 아니라 하나님의 음성을 따라 움직이는 것이 하나님의 사람이다. 하나님의 음성을 듣고 그대로 전달하는 대변자가 하나님의 사람이다.

모세가 애굽 궁중에서 수많은 사람들과 함께 있을 때 그의 귀에는 하나님의 음성보다 사람의 소리가 들렸다. 모세가 전쟁터에서 승리하고 돌아올 때 "모세! 모세! 모세!"라고 외치는 무리들 속에서 그는 하나님의 소리를 들을 수 없었다. 하나님의 이름을 들을 수 없었다. 다만 자기의 이름만 들을 수 있었다. 그래서 하나님은 모세를 광야로 보내셨다. 광야에서 하나님의 음성을 들려주시고, 하나님의 이름을 부르게 하셨다.

'광야'란 말과 '말씀'이란 말은 히브리 어원이 같다. 하나님은 광야에서 말씀하신다. 광야에서 자기 백성을 부르신다. 성경은 "여호와께서 그를 황무지에서, 짐승의 부르짖는 광야에서 만나시고 호위하시며 보호하시며 자기 눈동자같이 지키셨도다"(신 32:10)라고 말한다. 하나님은 자기 백성을 광야에서 부르시고, 말씀하신다. 하나님의 사람은 하나님의 음성을 들으며 살아야 한다.

"하나님의 말씀을 듣지 않는 자의 말은 누구의 말도 듣지 말라"는 한 설교자의 말을 토저는 자신의 책 「경건 생활의 기초」에 언급했다. "누구나 하나님께서 말씀하시는 것을 듣지 못한 자는 조언할 자격이 없다"고 그는 강조한다. 하나님의 음성을 듣지 않고, 때로 생각 없이 말하는 사역자들을 책망하는 말이다. 토저는 그의 책에서 계속 "우리는 소중하게 들어야 한다"고 말한다. 우리에게 들을 귀만 있다면 언제 어디서든지 하나님의 음성을 들을 수 있다는 것이다. 베드로는 수탉이 우는 소리에 회개했다. 어거스틴은 벼락에 맞아 죽는 친구를 목도함으로 회개했다. 니콜라스헬만은 겨울에 잎이 떨어져 벌거숭이가 된 나무를 보고 회심했다.

하나님의 사람이 된다는 것은 듣는 귀를 계발하는 것이다. 하나님은 광야에서 하나님의 음성을 듣는 귀를 열어 주신다. 우리의 귀는 광야를 통과하면서 열린다. 광야는 고난을 통해 하나님의 음성 듣기를 배우는 훈련장이다. 광야에 들어가면 하나님의 음성이 크게 들린다.

C. S. 루이스는 "사람에 따라서 무서운 일이 일어나기 전에는 하나님께 귀를 기울이지 않는 습성들이 남아 있다. 그러므로 고통이란 것은 귀머거리에게 알아듣도록 하는 하나님의 확성기이다"라고 말했다. 고통이 축복이 되는 것은 하나님의 음성을 들을 수 있기 때문이다.

하나님의 음성은 사랑의 음성이다. 하나님은 우리에게 말씀하길 원하신다. 폴 틸리히는 "사랑의 첫째 의무는 듣는 것이다"

라고 말했다. 사랑은 듣는 중에 깊어진다. 광야가 아름다운 정원이 되는 때는 하나님의 음성을 듣는 순간이다. 하나님의 음성을 듣는 광야는 더 이상 외로운 장소가 아니다. 하나님과 사랑을 나누는 사랑의 장소가 된다.

광야를 통과하신 예수님의 귀는 하나님께 항상 열려 있었다. 헨리 나우웬은 "예수님은 몸 전체가 귀였다"고 말했다. 예수님은 온 몸으로 하나님의 음성을 들으시고, 순종하셨다.

22_ 영성 훈련의 두 기둥인
기도와 말씀

> 하나님의 사람은 사람을 움직이기 전에
> 하나님의 마음을 움직일 수 있는 기도의 사람이 되어야 한다.

영성 훈련의 두 기둥은 기도와 말씀이다. 모세는 광야에서 기도와 말씀 훈련을 받았다. 광야 생활 이전에 그의 모습에서 기도하는 모습을 볼 수가 없다. 그러나 그가 광야 학교를 졸업한 후에는 기도의 사람이 되었다. 이스라엘 민족을 인도한 모세의 영적 지도력의 원천은 기도였다. 모세는 모든 문제를 기도로 풀었다.

애굽 왕과의 싸움에서도 모세는 하나님께 나아가 구함으로

써 승리했다. 애굽의 바로도 모세가 기도의 사람인 것을 알았다. 바로가 파리 떼의 재앙으로 고통받을 때 모세에게 다음과 같이 기도를 부탁했다. "바로가 가로되 내가 너희를 보내리니 너희가 너희 하나님 여호와께 광야에서 희생을 드릴 것이나 너무 멀리는 가지 말라 그런즉 너희는 나를 위하여 기도하라"(출 8:28).

모세는 기도로 하나님의 음성을 들었다. 위기에 처할 때마다 하나님께 기도했다. 홍해 앞에서 기도했고, 마라의 쓴 물 앞에서 하나님께 기도했다. 이스라엘 백성은 위기를 만날 때마다 원망하고 불평했지만, 모세는 기도했다(출 15:25). 출애굽기 17장에 나오는 아말렉과 벌인 전투에서도 모세는 두 손을 들고 기도했다. 그 전투의 승리는 기도의 승리였다.

모세가 하나님 앞에 오랫동안 머물수록 이스라엘 백성에게 축복이 되었다. 출애굽기 24장 18절에서 모세가 40일 동안 산에 있으면서 하나님을 만나 기도하고 말씀을 받는 것을 볼 수 있다. 그러나 어리석은 백성들은 40일을 기다리지 못하고 금송아지를 만들었다. 기도는 시간의 낭비가 아니라, 가장 귀중한 일이다. 기도할 때 하나님이 일하시고, 영적 전쟁의 승리를 가져온다. 하나님의 사람은 사람을 움직이기 전에, 하나님의 마음을 움직일 수 있는 기도의 사람이 되어야 한다.

모세는 광야에서 말씀의 훈련을 받았다. 그는 광야에서 하나님이 주시는 양식을 먹었다. 하나님의 양식은 하나님의 말씀이다. 그는 시내 산에서 하나님을 만나 기도하고 말씀을 받았다. 기도와 말씀은 같이 간다.

하나님의 백성들은 하나님의 말씀을 먹고 살아야 한다. 애굽에서 이스라엘 백성들은 땅의 것으로 살았다. 나일 강의 물을 마시며 살았다. 광야에서 이스라엘 백성들은 하늘에서 내려온 만나를 먹었고(출 16:35), 반석에서 나오는 물을 마셨다(출 17:6). 만나는 영적 양식의 상징이다.

하나님은 이스라엘 백성들에게 매일 만나를 주셨다. 그날그날 먹게 하셨다. 쌓아 놓으면 썩게 하셨다. 하나님은 만나를 일용할 양식으로 주셨다. 또한 새벽에 주셨다. 여기서 우리는 하나님의 사람을 훈련시키는 하나님의 방법을 배우게 된다. 하나님의 사람들은 새벽에 기도하고, 새벽에 하나님의 말씀을 먹어야 한다.

하나님은 "새벽에 하나님이 도우시리로다"(시 46:5)라고 약속하셨다. 하나님은 새벽에 하나님의 사람들을 만나기 원하신다. 하나님의 사람에게 새벽은 하나님께 기도하고, 하나님의 음성을 듣는 광야이다. 하나님의 사람은 새벽마다 하늘을 바라보아야 한다. 광야의 이스라엘 백성들이 하늘에서 내려온 만나를 바라본 것처럼 위를 바라보아야 한다. 위로부터 내려오는 말씀의 만나를 먹어야 한다.

하나님의 사람들은 땅의 것으로 만족할 수 없고 하늘의 것으로 만족한다. 하나님의 사람들은 기도와 말씀을 생명보다 귀하게 여겨야 한다. 사도들의 최우선 순위는 기도와 말씀이었다(행 6:4). 광야는 하늘과 땅이 만나는 곳이요, 하나님과 사람이 입맞추는 곳이다.

23_ 자아를 깨뜨리는 훈련

> 자아가 깨질 때 하나님의 능력으로 일하는 법,
> 하나님과 함께 일하는 법, 하나님을 통해 일하는 법을 배우게 된다.

하나님은 광야에서 하나님의 사람들을 깨뜨리신다. 그러나 아주 부서뜨리지는 않으신다. 하나님의 손은 아주 정확하고 안전하다. 하나님의 손은 부드럽고 섬세하다.

하나님은 토기장이시다. 이사야는 "여호와여 주는 우리 아버지시니이다 우리는 진흙이요 주는 토기장이시니 우리는 다 주의 손으로 지으신 것이라"(사 64:8)고 말한다. 성경은 "… 그는 금을 연단하는 자의 불과 표백하는 자의 잿물과 같을 것이라 그가 은을 연단하여 깨끗게 하는 자같이 앉아서 레위 자손을 깨끗게 하되 금, 은같이 그들을 연단하리니 그들이 의로운 제물을 나 여호와께 드릴 것이라"(말 3:2-3)고 말한다. 하나님은 자기 사람들을 만드시되 토기에서 하나님의 형상을 보시기까지 만드신다. 금을 연단하고, 은을 연단하시듯 하나님은 자기 사람들을 연단하신다.

자기 자신을 신뢰하는 사람을 하나님은 사용하지 않으신다. 지나친 자기 과신은 하나님의 사역에 장애가 된다. 모세는 40세가 되었을 때 육을 신뢰했다. 육신의 힘을 의지해서 하나님의 일을 하려고 했다. 그는 하나님의 능력보다는 자신의 힘으로 이스라엘 백성을 인도하려고 했다. 그러나 그의 육의 힘과 세상의 실력으로 할 수 있었던 것은 겨우 애굽 사람 한 명을 쳐 죽이는 것이었다. 하나님은 그가 너무 강해서 사용하실 수 없는 것을 아셨다. 그래서 하나님은 그를 광야로 보내셨다.

하나님은 광야에서 그의 육의 힘이 빠질 때까지 기다리셔야 했다. 하나님은 그의 자아를 철저하게 깨뜨리셨다. 그가 아무 것도 할 수 없다고 할 때까지 기다리셨다. 출애굽기 3장에서 하나님이 모세를 부르셨을 때 그는 하나님의 일을 감당할 수 없는 무능한 자라고 고백했다.

모세의 자아가 깨어졌을 때 그에게 하나님의 능력이 임했다. 육신의 방법과 힘이 아닌 하나님의 능력으로 일하는 사람이 되었다. 광야 생활을 통해 모세는 하나님의 능력으로 일하는 법을 배웠다. 하나님과 함께 일하는 법을 배웠다. 하나님을 통해서 일하는 법을 배웠다.

하나님의 일은 육신의 힘으로 하는 것이 아니다. 하나님의 일은 오직 하나님의 능력으로 하는 것이다. 모세가 떨기나무 불꽃 가운데서 하나님을 만났을 때 그는 하나님의 능력을 체험했다. 하나님을 만나고, 하나님의 능력을 체험한 모세는 변화되었다. 자신의 능력으로 겨우 애굽 사람 한 사람을 쳐 죽였던 모세는 장정만 60만, 남녀노소 모두 합하면 200만 명 이상의 이스라엘 백성을 인도하는 능력의 사람이 되었다.

홍해 앞에 섰을 때, 아우성치는 이스라엘 백성들을 향해 모세는 "… 너희는 두려워 말고 가만히 서서 여호와께서 오늘날 너희를 위하여 행하시는 구원을 보라 …"(출 14:13)고 말했다. 하나님의 능력으로 홍해를 가른 후 모세와 이스라엘 백성들이 불렀던 노래를 들어 보라.

"여호와는 나의 힘이요 노래시며 나의 구원이시로다 그는 나의 하나님이시니 내가 그를 찬송할 것이요 내 아비의 하나님이시니 내가 그를 높이리로다"(출 15:2).

하나님은 모든 사람을 사용하실 수 있지만 자아가 너무 강한 사람은 사용하실 수 없다. 그래서 자아가 강한 사람을 사용하기로 작정하셨을 때는 그를 광야로 보내셔서 깨뜨리시는 일부터 시작하신다.

한 알의 밀이 땅에 떨어져 죽을 때 결실을 맺는다. 반석이 깨어질 때 생수가 나온다. 깨어진 주님의 몸에서 보혈이 흘러나왔다. 깨어짐은 축복이요, 영광이다.

24_ 자기를 **부인**하는 훈련

> 진정한 자기 부인은 분명한 자기 정체성을 인식한 후에 가능하다.
> 하나님의 일은 자기 가치를 알고 자기 존재를 부인하는 데서 시작된다.

광야 학교에 입학한 사람은 자기 부인의 훈련을 받게 된다. 자기 부인은 자기 무시가 아니다. 지나친 자기 비하도 아니다. 자기 정체성을 상실하는 것도 아니다. 자기 멸시도 아니다. 자기 부인은 분명한 자기 정체성을 인식하는 가운데 자기를 부인하는 것이다.

예수님은 이 땅에 계시는 동안 자신이 누구인가를 분명히 아셨다. 주님은 십자가를 지시기 전에 도수장으로 끌려가는 어린 양처럼 침묵하셨다. 예수님은 사람들의 질문 앞에 침묵하기도 하셨다. 그러나 예수님 자신이 누구인가에 대한 질문 앞에는 침묵하지 않으셨다. "네가 그리스도냐?" "네가 유대인의 왕이냐?"라는 질문 앞에 주님은 침묵하지 않으셨다. 하나님 아버지를 보여 달라는 빌립에게 "나를 본 자는 아버지를 보았느니라"(요 14:9)고 말씀하셨다.

예수님은 자신이 그리스도라는 사실을, 만왕의 왕이라는 사실을 아셨다. 하나님이라는 사실을 아셨다. 분명한 자기 이해가 있으셨다. 그리고 자기를 부인하셨다. 여기에 예수님의 위대함이 있다. 하나님이시면서 하나님과 동등 됨을 취할 것으로 여기지 아니하셨다(빌 2:7). 오히려 자기를 비어 종의 형체를 취하셨다. 자기를 낮추시고 죽기까지 복종하셨다. 자원해서 십자가를 지셨다(빌 2:7-8). 예수님은 자신이 하나님이심을 알면서 자기를 부인하셨던 것이다. 하나님의 뜻을 이루기 위해 자기를 부인하고 십자가를 지셨다.

자신이 아무것도 아니라고 생각하는 사람이 자신을 부인하는 것은 어려운 것이 아니다. 그러나 자기 존재의 가치를 알고 있는 사람이 자기를 부인해야 할 때 그것은 어렵다.

모세는 자기 존재에 대한 가치를 알았던 사람이다. 애굽 궁중에서 보낸 40년 생활 동안 애굽의 모든 학술을 다 익혔다. 그는 육체적으로 건강한 사람이었다. 육체의 훈련을 한 사람이었다. 그는 절제할 줄 아는 사람이었다. 모세는 학문을 통달하고, 지도력을 습득하고, 웅변에 능한 사람이 되기까지 철저히 자기를 훈련하고 절제하는 삶을 살았다.

모세는 자신이 누구이며, 어떤 일을 해야 할 것인지 알았다. 모세는 스스로 위대한 인물이라고 생각했다. 성경은 모세가 40세 되었을 때의 생각을 이렇게 기록한다. "저는 그 형제들이 하나님께서 자기의 손을 빌어 구원하여 주시는 것을 깨달으리라고 생각하였으나 저희가 깨닫지 못하였더라"(행 7:25). 이 말씀 속에 모세의 자기 존재에 대한 인식, 사명에 대한 인식이 들어 있다. 그러나 하나님의 생각은 달랐다. 하나님의 일은 자기 존재를 인정하는 데서 시작하는 것이 아니라 자기 존재를 부인하는 데서 시작된다. 자기를 부인할 때 하나님의 능력이 임하는 것이 사역의 원리이다.

광야에서 모세는 자기를 부인하는 훈련을 했다. 자기 증오가 아닌 자기를 부인함으로써 자기 성취나 자기실현이 아니라 하나님의 뜻을 성취하고 실현하는 하나님의 사람이 되었다.

예수님은 "무리와 제자들을 불러 이르시되 아무든지 나를 따라오려거든 자기를 부인하고 자기 십자가를 지고 나를 좇을 것이니라"(막 8:34)고 말씀하셨다. 예수님을 좇는 길은 날마다 자신을 부인하는 것이다. 하나님의 역사는 자기 부인을 통해서 이루어지기 때문이다.

25_ 목양하는 훈련

**하나님은 우리를 지도자로 부르시기 전에 먼저 목자로 부르신다.
선한 목자 예수님처럼 목자의 마음, 목자의 영성을 품게 하시기 위해서다.**

미디안 광야에서 모세가 한 일은 양을 치는 일이었다. 성경은 "모세가 그 장인 미디안 제사장 이드로의 양 무리를 치더니 그 무리를 광야 서편으로 인도하여 하나님의 산 호렙에 이르매"(출 3:1)라고 말한다.

왜 하나님은 모세를 광야로 보내서 양 무리를 치게 하셨는가? 하나님은 모세에게 이스라엘 백성을 치게 하시기 전에 양 무리를 치게 하셨다. 하나님의 사람들과 목양하는 일은 밀접한 관련이 있다. 하나님의 사람 다윗도 양을 치는 목동이었다. 시편은 "또 그 종 다윗을 택하시되 양의 우리에서 취하시며 젖양을 지키는 중에서 저희를 이끄사 그 백성인 야곱, 그 기업인 이스라엘을 기르게 하셨더니"(시 78:70-72)라고 말한다.

모세는 광야에서 양 무리를 치면서 양 한 마리의 소중함을 배우게 된다. 모세는 애굽 사람을 쉽게 죽였던 사람이다. 생명을 소홀히 할 수 있는 기질을 가진 사람이었다. 때문에 하나님은 모세에게 양 무리를 치게 해서 양들의 생명에 애착을 갖게 하셨다. 하나님은 모세를 지도자로 부르시기 전에 목자로 부르셨다. 예수님의 말씀처럼 선한 목자는 양을 위해 목숨을 바치는 사람이다.

모세는 이런 훈련 과정을 통해서 이스라엘 전 민족을 이끄는 지도자로 성장했다. 광야에서 이스라엘 민족이 하나님께 불순종했을 때 하나님은 모세에게 이스라엘 민족을 진멸하겠다고 말씀하셨다. 그때 모세는 자기 백성의 죄를 사하시든지 아니면 "주의 기록하신 책에서 내 이름을 지워 버려 주옵소서"(출 32:32)라고 기도드렸다. 이런 기도를 드릴 수 있었던 것은 모세가 광야에서 양 무리를 치는 훈련을 통해서 생명의 존귀함을 배웠기 때문이다.

하나님이 다윗을 부르신 곳도 젖양을 지키는 데였다. 하나님은 다윗이 양치는 것을 보셨다. 다윗은 양 한 마리를 자기 생명처럼 귀히 여겼다. 성경은 "다윗이 사울에게 고하되 주의 종이 아비의 양을 지킬 때에 사자나 곰이 와서 양 떼에서 새끼를 움키면 내가 따라가서 그것을 치고 그 입에서 새끼를 건져내었고 그것이 일어나 나를 해하고자 하면 내가 그 수염을 잡고 그것을 쳐 죽였었나이다"(삼상 17:34-35)라고 말한다.

하나님은 다윗이 양치는 것을 보시고 다윗을 선택하셨다. 다윗은 새끼 양 한 마리에 목숨을 걸었다. 양 한 마리를 위해 죽기까지 충성했다. 다윗은 작은 일에 충성했던 사람이다. 자기 양도 아닌 아버지의 양을 맡아서 충성을 다했다. 다윗은 왕이 되기 전에 목동으로 충성된 사람이었다. 하나님은 그것을 보시고 다윗에게 자기 백성을 맡기셨다.

하나님의 사람들은 작은 일을 귀히 여길 줄 알아야 한다. 하나님은 작은 일에 충성된 자에게 큰일을 맡기신다. 예수님은 "지극히 작은 것에 충성된 자는 큰 것에도 충성되고 지극히 작은 것에 불의한 자는 큰 것에도 불의하니라"(눅 16:10)고 말씀하셨다. 또한 예수님은 달란트 비유에서 "… 착하고 충성된 종아 네가 작은 일에 충성하였으매 내가 많은 것으로 네게 맡기리니…"(마 25:23)라고 말씀하셨다.

광야는 작은 일에 충성하는 훈련장이다. 광야에서 하나님의 사람들은 선한 목자 되신 예수님의 마음을 품게 된다. 예수님은 잃어버린 양 한 마리를 힘을 다해 찾으시는 주님이시다(눅 15:4). 예수님은 양을 위해 목숨을 버리신 주님이시다. 광야에서 하나님의 사람들은 선한 목자 되신 예수님을 닮게 된다.

26_ 섬기는 훈련

섬기고 기도하기 위해 꿇은 무릎, 자신과 이웃의 죄를 위해 회개하는 젖은 눈,
그들을 위해 중보하는 깨어진 심장을 가진 이가 진정한 리더라.

모세가 미디안 광야로 쫓겨 갔을 때 제일 먼저 변화된 모습을 성경은 이렇게 기록하고 있다. "미디안 제사장에게 일곱 딸이 있더니 그들이 와서 물을 길어 구유에 채우고 그 아비의 양 무리에게 먹이려 하는데 목자들이 와서 그들을 쫓는지라 모세가 일어나 그들을 도와 그 양 무리에게 먹이니라"(출 2:16-17). 왕궁에서 섬김을 받던 모세가 광야에서 무명의 존재가 되어 양 무리를 섬기고 있는 모습이다.

광야 학교는 섬김의 훈련장이다. 섬김을 받기만 하고 살았던 모세가 섬기는 위치로 변화된 곳이 광야였다. 모세는 무릎을 꿇고 양 무리를 먹이는 낮은 위치로 내려왔던 것이다.

스티븐 옥포드는 "그리스도인의 리더십이란 꿇은 무릎, 젖은 눈, 깨어진 심장에 있다"고 말했다. 모세에게 필요한 것은 바로 섬기고 기도하기 위해 꿇은 무릎, 자신의 죄와 백성의 죄를 위해 회개하는 젖은 눈, 그리고 그들을 위해 중보하는 깨어진 심장이었다. 광야에서 모세는 섬기는 지도자로 성숙했다.

하나님의 나라를 받드는 사람은 무엇보다도 섬기는 사람이 되어야 한다. 예수님은 자신을 낮추시고 종의 형체를 입으셨다. 예수님이 이 땅에 오신 목적은 분명했다. "인자의 온 것은 섬김을 받으려 함이 아니라 도리어 섬기려 하고 자기 목숨을 많은 사람의 대속물로 주려 함이니라"(막 10:45)고 예수님은 말씀하셨다. 예수님의 삶의 표지는 요한복음 13장에 나오는 수건과 대야에서 잘 드러난다. 예수님은 제자들의 종이 되어 그들의 발을 씻겨 주셨다. 예수님의 가장 고귀한 모습은 무릎을 꿇고 제자들의 발을 씻기시는 모습에서 볼 수 있다.

인간은 섬기는 것보다는 섬김받기를 좋아한다. 예수님의 제자들도 예외가 아니었다. 주님의 나라가 임할 때 주의 우편과 좌편에 앉게 해달라는 야고보와 요한의 말을 듣고 있던 열 제자의 모습을 성경은 이렇게 기록한다. "열 제자가 듣고 야고보와 요한에 대하여 분히 여기거늘"(막 10:41). 사실 열두 제자 모두 종이 되기보다는 섬김을 받는 사람이 되기를 소원했었다.

예수님은 그런 그들에게 "너희 중에는 그렇지 아니하니 너희 중에 누구든지 크고자 하는 자는 너희를 섬기는 자가 되고 너희 중에 누구든지 으뜸이 되고자 하는 자는 모든 사람의 종이 되어야 하리라"(막 10:43-44)고 말씀하셨다.

모든 사람을 섬기는 종이 되기 위해서는 자기를 부인해야 한다. 모든 사람을 섬기는 종이 되기 위해서는 이웃을 위해 자신이 죽어야 한다. 이웃의 과거와 허물로부터 내 자신이 죽지 않으면 이웃을 진정으로 섬길 수 없다. 우리가 이웃을 섬기지 못하는 이유는 과거 그의 죄와 허물을 기억하고 있기 때문이다.

섬기는 종이 되기 위해서는 매일 이웃을 위해 죽고, 이웃을 만날 때마다 처음 만나는 사람처럼 섬겨야 한다. 우리가 그리스도 안에서 매일 태어나듯, 이웃들도 우리 가슴에서 매일 새롭게 태어나야 한다. 그때 우리는 쓴 뿌리가 없이 그들을 섬길 수 있다.

그렇다면 어떻게 다른 사람을 섬길 수 있는가? 가장 작은 일부터 시작해야 한다. 우리는 위대하고 큰 일을 생각하지만 하나님은 작은 일을 크게 생각하신다. 예수님은 "내 형제 중에 지극히 작은 자 하나에게 한 것이 곧 내게 한 것이라"(마 25:40)고 말씀하셨다. 작은 자를 섬길 때 우리는 예수님을 섬기고 있는 것이다.

27_ 광야는 성령 학교다

성령이 임하면 광야도 축복의 장소가 된다. 광야에서 하나님의 임재를 경험한 모세는 **기적의 사람, 능력의 사람, 온유한 사람으로 변화되었다.**

광야 학교는 성령 학교다. 광야 학교에서 하나님의 사람들은 성령을 체험한다. 그래서 광야는 축복의 장소다. 하나님의 기름 부음을 받은 사람들이 입학하는 학교가 광야 학교다. 성령의 기름 부음과 광야는 밀접한 관련이 있다. 어떤 사람은 기름 부음을 받은 후 광야에 들어가고, 어떤 사람은 광야 학교를 통과한 후 기름 부음을 받는다.

모세는 광야 학교에서 졸업할 때 떨기나무 불꽃에서 성령의 기름 부음을 받았다(출 3장). 이 사건은 그의 인생의 전환점이었다. 모세가 성령의 능력을 체험할 때 그의 시각이 변화되었고, 삶의 방식과 사역의 태도가 변화되었다. 모세는 기적의 사람, 능력의 사람, 그리고 온유한 성품을 가진 하나님의 사람으로 변화되었다.

모세의 시종인 여호수아도 40년의 광야 훈련이 끝났을 때 하나님의 기름 부음을 받았다(신 34:9). 다윗의 경우는 성령의 기름 부음을 받은 후 광야 학교에 입학했다. 성경은 "사무엘이 기름 뿔을 취하여 그 형제 중에서 그에게 부었더니 이날 이후로 다윗이 여호와의 신에 크게 감동되니라 사무엘이 떠나서 라마로 가니라"(삼상 16:13)고 말한다. 이날은 다윗에게 영광의 날이요, 축복의 날이었다. 그러나 이날 이후로 다윗은 사울의 추적을 받으면서 광야 학교에 입학해서 훈련을 받았다.

예수님도 요한에게 세례를 받으시고, 성령의 임재를 체험하신 후에 광야로 가셨다(마 3:16-4:1). 바울도 다메섹 도상에서 예수님을 만나고 기름 부음을 받고 아라비아 광야로 갔다. 하나님이 귀히 쓰신 하나님의 사람들이 경험한 것은 성령의 기름 부음이다.

그 결과, 그들은 하루아침에 유명해지지도 출세를 하지도 않았다. 오히려 고통스런 광야 학교에서 훈련을 받아야 했다. 그곳에서 세상적인 자아는 죽고, 성령 안에서 태어난 영적인 사람이 되었다. 세상의 사람이 아니라 '하나님의 사람'이 되는 축복을 받았다.

성령이 임할 때 광야는 축복의 장소로 변한다. "필경은 위에서부터 성신을 우리에게 부어 주시리니 광야가 아름다운 밭이 되며 아름다운 밭을 삼림으로 여기게 되리라"(사 32:15)고 이사야는 말한다. 성령이 임할 때 광야는 아름다운 동산이 된다. 성령이 임할 때 "광야와 메마른 땅이 기뻐하며 사막이 백합화같이 피어 즐거워하며 무성하게 피어 기쁜 노래로 즐거워하며 레바논의 영광과 갈멜과 샤론의 아름다움을 얻을 것이라 그것들이 여호와의 영광 곧 우리 하나님의 아름다움을 보리로다"(사 35:1-2)라는 말씀을 경험하게 된다.

광야는 하나님이 마침내 자기 백성을 축복하시기 위해 훈련시키시는 곳이다(신 8:16). 광야를 통과한 사람은 고난의 광야를 오히려 감사한다. 다윗은 "고난당한 것이 내게 유익이라 이로 인하여 내가 주의 율례를 배우게 되었나이다"(시 119:71)라고 고백한다. 찰스 콜슨도 그의 광야 학교였던 감옥에서 배운 진리를 "승리는 실패를 통해, 치유는 부서짐을 통해, 자아의 발견은 자아를 버림을 통해 오는 것이다"라고 말했다.

성령이 이끄시는 광야 학교는 편안한 곳이 아니다. 고난, 혼돈, 부서짐, 실패, 그리고 자아 상실의 위기까지 통과해야 하는 곳이다. 그러나 하나님의 사람들은 그곳에서 만들어진다. 말씀과 기도의 사람, 성령의 사람으로 변화된다.

광야를 주신 하나님께 감사하라. 광야는 고난의 모습을 한 축복의 장소임을 기억하라.

5부 영혼 관리

영성 훈련은 예수님처럼 사적 생활과 공적 생활의 모습을 일치시키는 작업이다.
입술과 마음을 일치시키는 훈련이다.
이중성 없는 예수님의 인격을 닮아 가는 것이 영혼 관리의 목표이다.

28_ 영혼 관리를 위해
잠시 물러설 줄 알아야 한다

**예수님은 단순한 두 박자의 삶을 사셨다. 전도하시고, 물러나 기도하셨다.
예수님처럼 물러남과 드러남이 조화로울 때 풍성한 열매를 맺는다.**

예수님은 공생애 기간 동안 지칠 줄 모르는 열정과 능력으로 일하셨다. 예수님의 그 능력의 비밀은 어디에 있는가? 비밀은 예수님이 매일 잠시 물러나 있는 시간을 갖는 데 있었다. 예수님의 균형 잡힌 삶의 모습을 누가는 이렇게 기록한다. "예수의 소문이 더욱 퍼지매 허다한 무리가 말씀도 듣고 자기 병도 나음을 얻고자 하여 모여 오되 예수는 물러가사 한적한 곳에서 기도하시니라"(눅 5:15-16).

예수님은 절대로 무리에 의해 움직이지 않으셨다. 예수님은 리듬을 따라 사셨다. 아주 단순한 두 박자의 삶을 사셨다. 전도하시고, 물러나 기도하셨다.

오늘날 사역자인 나의 모습 속에 예수님과 같은 리듬이 있는가 질문해 보곤 한다. 몸이 으스러지고, 내 영혼이 고갈되는 듯하다 할지라도 사람들이 몰려오는 것을 보면 기뻐한다. 더 많은 사람을 만나고, 더 많은 영향력을 끼치기를 소원한다. 물러나 있는 시간보다는 드러나 있는 시간이 너무도 많다. 바쁜 것이 실력을 입증이나 하듯이 뛰어다닌다. 이것은 단순히 나만의 고민은 아닐 것이다. 오늘날 현대 사역자들의 일반적인 모습일 것이다.

물러나 있는 시간을 내지 못하는 사역자들에게 찾아오는 것은 탈진이다. 힘의 고갈이다. 영감의 고갈이다. 능력의 고갈이다. 그래서 많은 인기 있는 사역자들의 사역 길이가 짧은지도 모른다. 때로 유명한 분들에게 실망하고 돌아오는 경우가 있다. 그 이유는 바로 잠시 물러나 자신을 가득 채우는 시간 없이 주기만 하기 때문일지도 모른다.

사역자에게 가장 중요한 것은 먼저 자신을 돌아보는 시간이다. 자신의 영혼을 관리하는 시간이다.

사역자의 영혼은 이솝 우화에 나오는 황금 알을 낳는 거위와 같다. 중요한 것은 황금 알이 아니다. 가난한 농부가 황금 알을 한꺼번에 많이 얻기 위해 조급하게 거위를 죽여 버린 순간 그에게는 황금 알도 거위도 존재할 수 없었다는 사실을 기억해야 한다. 사역자는 바로 사역이라는 황금 알을 낳는 거위와 같다. 황금 알보다 더 중요한 것은 황금 알을 낳는 거위이듯 사역보다 더 중요한 것은 사역자이다. 때문에 사역자 자신을 혹사하면 복된 황금 알을 낳을 수 없다.

우리가 끊임없이 황금 알을 낳는 사역의 열매를 맺기 위해서는 사람들과의 교제에 균형을 이룰 수 있어야 한다. "우리 주님이 하셨듯이 사람들과의 교제에 있어 원근의 리듬을 잘 배워두라"는 폴 리스의 말을 기억해야 한다.

사람들에게서 잠시 물러나 하나님과 깊은 교제를 나누는 것이 영혼 관리이다. 우리의 가슴이 차가워질 때, 영감이 고갈되는 것을 느낄 때 그 원인이 밖에 있다고 생각하면 안 된다. 우리 안에 다시 성령의 불꽃이 뜨겁게 타오르도록 불을 피우는 일을 해야 한다. 토마스 아 켐피스는 "사람은 추워지기 시작하면 불을 피우는 그 작은 일을 무슨 큰 작업인양 생각하여 오히려 외부에서 평안을 찾으려고 한다"고 경고한다. 잠시 물러나 하나님과 교제하면서 가슴에 불을 피우는 것을 소홀히 생각해서는 안 된다. 잠시 물러나는 일을 하지 않아 영원히 물러날 수도 있다. 그러나 매일 매일 잠시 물러나는 시간을 가진 사람들은 많은 시간을 한꺼번에 몰아서 안식하는 기나긴 날을 보내지 않아도 된다.

중요한 것은 균형이다. 물러남과 드러남의 조화를 통해서 항상 풍성한 열매를 맺게 된다.

29_ 경건의 시간은 영혼을 조율하는 시간이다

피아노 소리를 듣고 바이올린을 조율하듯, 하나님의 음성을 듣고 하나님의 뜻에 우리 영혼을 조율하는 시간이 아침 경건의 시간이다.

예수님은 새벽 미명에 기도하셨다(막 1:35). 큰일을 마치신 후 한적한 곳에 가서 쉬셨다. 기도하시기 위해 겟세마네 동산을 찾으신 것은 주님의 거룩한 습관이었다. 특별히 주님은 새벽에 일어나 기도하셨다. 또한 하나님의 사람들은 공통적으로 새벽의 사람들이었다.

가나안 땅을 정복했던 여호수아의 삶을 특징짓자면 "여호수아가 아침에 일찍이 일어나서"(수 3:1, 7:16, 8:10)라는 말씀으로 요약될 수 있다. 그는 새벽의 사람이었다.

다윗도 마찬가지다. "하나님이여 내 마음이 확정되었고 내 마음이 확정되었사오니 내가 노래하고 내가 찬송하리다 내 영광아 깰지어다 비파야, 수금아, 깰지어다 내가 새벽을 깨우리로다"(시 57:7-8). 다윗은 새벽을 깨워 기도하며 하나님의 도우심을 받았다(시 46:5).

왜 이토록 하나님의 사람들은 새벽 시간을 귀히 여겼는가? 그 이유는 새벽에 하나님을 만나 영혼을 조율하기 위해서였다.

악기를 연주하는 사람들을 보면 조율하는 시간을 갖는다. 바이올린을 연주하는 사람을 보면 연주하기 전에 먼저 피아노 음에 맞춰 바이얼린을 조율한다. 바이올린이 계속해서 아름다운 소리를 낼 수 있도록 하려면 조율을 잘하면 된다.

우리 영혼도 어떤 의미에서 악기와 같다. 하나님의 영광을 위해 연주하는 악기와 같다. 이 영혼이 아름다운 소리를 내고, 하나님과 다른 영혼과 하모니를 잘 이루기 위해서는 조율하는 시간이 필요하다. 바이올린 줄은 너무 팽팽해도 안 되고, 너무 느슨해도 안 된다. 적절히 균형을 이루어야 한다.

활은 부드럽다. 그러나 부드러운 활도 너무 휘면 부러진다.

우리 영혼도 부드러운 활과 같다. 때문에 적절한 균형과 조화가 필요하다. 너무 무리하게 다루면 부러질 수 있다.

피아노 조율 시기를 놓쳐서 비용이 더 많이 들어가는 것을 보았다. 시기를 놓치지 않을 경우 6개월에 한 번 해도 될 조율을 미루다가, 소리를 잡을 때까지 짧은 기일 안에 두세 번 거듭 조율을 해야 했다. 하나님의 사람들도 너무 무리하면 효율적인 사역을 하는 데 어려움을 겪는다. 한꺼번에 영혼을 조율할 때까지 기다리면 무리가 온다. 매일 매일 경건의 시간을 갖고 적절히 조율해 나갈 때 최상의 상태를 유지할 수 있다. 예수님은 그 많은 일을 하셨음에도 매일 경건의 시간을 가지심으로, 사역에서 오는 탈진의 위험을 방지하셨다.

중국 선교의 선구자인 허드슨 테일러는 스물다섯 젊은 나이에 중국 땅을 밟아 평생 동안 중국 선교에 헌신했다. 그는 사람들로부터 "당신은 어떻게 일생을 선교사로 보낼 수 있었습니까? 그러면서도 행복할 수 있었던 비결은 무엇입니까?"라는 질문을 받을 때마다 다음과 같이 말했다고 한다. "나의 헌신과 행복의 비결은 하루를 어떻게 시작하느냐에 달려 있습니다. 연주자는 음악회가 시작되기 전에 악기를 조율합니다. 음악회가 끝난 뒤 조율한다면 어리석은 일이겠죠? 나는 아침에 일어나면 하나님의 뜻에 나의 생각을 맞추는 일부터 시작합니다. 그러면 인생이 보람되고 행복해지게 마련입니다."

허드슨 테일러의 말처럼 아침 경건 시간이란, 피아노 소리를 듣고 바이올린을 조율하듯, 우리 영혼이 하나님의 음성을 듣고 영혼을 조율하는 것이다. 우리 영혼을 하나님의 뜻에 조율하는 시간이 아침 경건의 시간이다.

30_ 영혼을 살찌우는 침묵

침묵은 영혼의 찌꺼기를 버리는 시간이다.
침묵을 통해 죄를 깨닫게 되고, 침묵 속에서 육의 생각은 영의 생각으로 변화된다.

영혼은 어떻게 성장하는가? 침묵을 통해서다. 영성은 언제 깊어지는가? 침묵할 때이다. 영혼은 침묵을 통해 살찐다. 침묵을 통해 성장한다.

만물을 보라. 어떻게 그 만물이 자라는가? 침묵 가운데 성장한다. 깊이 뿌리내리는 나무는 소리가 없다. 깊은 물도 소리가 없다. 열매 맺는 나무도 소리가 없다. 침묵은 신비 그 자체다. 침묵은 우리를 가르친다. 어머니의 태에 있는 아이는 침묵한다. 침묵 가운데 성장한다. 새벽에 일어나 침묵 가운데 만물이 자라는 소리를 들을 수 있다면 인생을 헛되이 살고 있는 것이 아니다.

침묵은 영혼의 찌꺼기를 버리는 시간이다. 침묵을 통해서 죄를 깨닫게 된다. 죄를 조용히 하나님께 고백하게 된다. 영혼의 건강은 많은 것을 채우기 전에 먼저 버리는 데서 시작된다. 성경은 "자기의 죄를 숨기는 자는 형통치 못하나 죄를 자복하고 버리는 자는 불쌍히 여김을 받으리라"(잠 28:13)고 말한다.

영적 성장의 장애물 가운데 하나는 소음이다. 외적 소음보다 더 경계해야 할 것은 내적 소음이다. 무엇이 내적 소음을 만들어 내는가? 세상을 사랑하는 육의 생각이 만들어 낸다. 육은 하나님과 원수가 되는 육의 생각을 만들어 낸다(롬 8:5-6). 육의 소리를 잠잠케 하는 것이 침묵이다. 그 침묵 속에서 육의 생각은 영의 생각으로 변화된다. 그것이 회개이다. 영혼의 찌꺼기를 버릴 때, 영혼은 배고픔을 경험한다. 그 거룩한 배고픔은 말씀을 사모하는 것으로 나타난다.

침묵 속에서 영혼은 말씀을 통해 자양분을 공급받는다. 영혼은 말씀을 먹고 자란다. 사람은 떡으로만 사는 것이 아니라 하나님의 입에서 나오는 모든 말씀으로 살며 자란다(마 4:4). 말씀을 읽는 것은 영적 성장에 중요하다. 말씀을 먹는 것은 영혼의 양식을 먹는 것이다.

그러나 영혼이 살찌기 위해서는 먹기만 해서는 안 된다. 먹은 말씀을 소화하는 시간이 필요하다. 음식을 소화하면 피가 된다. 피는 생명이다. 먹은 말씀을 소화할 때 영혼에 생명을 공급하는 피가 형성된다. 그 피가 영혼에 공급되는 것은 침묵의 시간을 통해서다. 말씀을 마음에 품고, 침묵에 들어가는 것이 묵상이다. 말씀을 침묵 속에서 조용히 기도로 적시는 시간이 묵상 시간이다. 그때 깨달음이 온다. 토머스 무어는 "침묵을 통해서 진리를 깨달을 수 있고 진실에 접근할 수 있다"고 말했다.

깨달음은 모든 것을 연결시켜 준다. 하나님과 우리 자신을 연결시켜 준다. 사건과 사람을 하나님의 안목에서 볼 수 있도록 연결시켜 준다. 과거와 현재를, 현재와 미래를 연결시켜 주며, 영원의 세계 속에 들어가서 오늘의 현실을 직시하도록 도와준다. 깨달음은 모든 것에 의미를 부여해 준다. 침묵은 깨달음을 키우는 어머니다. 깊은 침묵 속에서 깨달은 말씀을 실천하는 생명력을 얻게 된다. 침묵의 시간에 영적, 정신적 생명력을 축적하게 된다.

  하나님을 향한 깊은 사랑의 감정은 침묵 속에서 자란다. 침묵은 하나님의 친구다. 때문에 우리도 하나님의 친구가 되기 위해서는 침묵 속으로 들어가야 한다. 하나님과의 깊은 친교는 침묵하시는 하나님 앞에서 침묵할 때 이루어진다. 사랑하는 감정은 말을 많이 한다고 생기는 것이 아니다. 얼굴을 마주 대하고 조용히 침묵할 때 신비로운 사랑의 감정을 느낀다.

  침묵은 사랑과 우정을 깊게 해주는 하나님의 선물이다. 하나님은 침묵의 세계로 우리를 초청하신다.

31_ 마음의 정원을 가꾸라

> 마음은 모든 언어와 행동의 근본이다. 마음이 어느 쪽으로 흐르느냐에 따라 천국을 경험하기도 하고 지옥을 경험하기도 한다.

영성 관리와 마음 관리는 밀접한 관련이 있다. 마음은 하나님의 보화가 담긴 장소이다. 마음은 하나님의 활동 무대이다. 마음을 잘 가꾸면 축복된 일들을 경험한다. 집은 가꾸고 정원은 가꾸지만 마음의 정원 가꾸는 일은 소홀히 할 때가 많다. 생명체는 가꾸어야 한다. 생명체는 가꿀수록 건강하고 아름다워진다. 마음은 생명체기 때문에 계속해서 돌보아야 한다.

마음의 정원을 가꾸어야 하는 중요한 이유는 마음이 가지고 있는 양면성 때문이다. 마음은 가장 부패한 것이면서도, 생명의 근원이 되는 것이다. 예레미야 선지자는 "만물보다 거짓되고 심히 부패한 것은 마음이라 누가 능히 이를 알리요마는"(렘 17:9)이라고 말한다. 마음의 부정적인 면을 드러내는 말이다. 솔로몬은 "무릇 지킬 만한 것보다 더욱 네 마음을 지키라 생명의 근원이 이에서 남이니라"(잠 4:23)고 말한다. 마음의 긍정적인 면을 말하는 것이다.

마음은 하나의 경향이다. 어느 쪽으로 흐르느냐에 따라 지옥과 천국을 경험할 수 있다. 마음이 중요한 것은 마음의 생각이 언어로 나오기 때문이다. 또한 마음의 생각이 우리의 행동으로 나오기 때문이다. 결국 모든 언어와 행동의 근본에 마음이 있다.

예수님도 마음을 아주 중요하게 보셨다. 주님은 "선한 사람은 마음의 쌓은 선에서 선을 내고 악한 자는 그 쌓은 악에서 악을 내나니 이는 마음의 가득한 것을 입으로 말함이니라"(눅 6:45)고 말씀하셨다.

여기서 마음의 정원을 가꾸는 비결을 배우게 된다. 마음에 무엇을 쌓느냐가 마음 관리의 열쇠이다. 마음은 우리가 그 속에

넣는 것을 따라 역사한다. 때문에 마음에 무엇을 넣을 것인지 잘 선택해야 한다. "먹는 대로 나온다"는 표현도 있듯이, 우리가 마음을 위해 영적으로 무엇을 먹느냐가 중요하다.

마음의 정원에 아름다운 열매를 맺기 원한다면 우리는 좋은 열매를 맺을 수 있는 씨앗을 심어야 한다. 성경에서 씨앗은 무엇인가? 하나님의 말씀이다(마 13:19). 말씀을 심고 그것을 묵상과 기도로 가꾸면 그 말씀을 깨닫고 실천하게 된다. 그 결과 아름다운 열매를 맺게 된다.

마음의 정원에서 맺게 되는 아름다운 열매는 어떤 것들인가? 그것은 성령의 열매이다. "오직 성령의 열매는 사랑과 희락과 화평과 오래 참음과 자비와 양선과 충성과 온유와 절제니 이같은 것을 금지할 법이 없느니라"(갈 5:22-23). 이 아름다운 열매를 맺기 위해 농부의 마음을 가져야 한다. 매일 마음을 돌아보아야 한다.

문제는 마음의 정원에 자라는 잡초다. 잡초는 쉽게 죽지 않고 생존력이 강하다. 또한 잡초는 말씀의 기운을 막는 일을 한다. 잡초는 육체의 일들이다. 바울은 "육체의 일은 현저하니 곧 음행과 더러운 것과 호색과 우상 숭배와 술수와 원수를 맺는 것과 분쟁과 시기와 분냄과 당 짓는 것과 분리함과 이단과 투기와 술 취함과 방탕함과 그와 같은 것들이라…"(갈 5:19-21)고 말한다.

우리 마음에 이런 잡초가 싹트는 것을 분별하는 지혜가 필요하다. 매일 잠시 물러서서 이 잡초를 뽑아야 한다. 어떻게 우리 마음의 잡초를 뽑아낼 수 있는가? 회개를 통해서이다. 잡초와 같은 생각은 버리고 성령의 열매를 맺도록 하자.

32_ 내면세계와 외면 세계의 조화를 이루라

> 하나님이 쓰신 인물들의 대부분은 외모가 탁월한 것이 아니라 내면이 아름다웠다.
> 하나님의 관심은 내면에 있다.

그리스도인의 가장 큰 고민은 이중성이다. 많은 사람들이 이중성의 노예로 살아간다. 이중성을 성경에서는 '외식'이란 말로 표현한다. 겉과 속이 다른 것이 외식이다. 생각과 행동이 다르고, 마음과 표현하는 말이 다른 것이 외식이다.

이런 사람의 모습을 성경은 "온유한 입술에 악한 마음은 낮은 은을 입힌 토기니라 감정 있는 자는 입술로는 꾸미고 속에는 궤휼을 품나니"(잠 26:23-24)라고 말한다. 이런 사람의 특징은 내면의 모습과 외면의 모습이 너무 차이가 난다는 사실이다. 사적인 삶과 공적인 삶에 차이가 많다.

예수님은 외식하는 자들을 가리켜 '회칠한 무덤'이라고 말씀하셨다. 예수님은 세리도, 창기도, 죄인도, 병자도 사랑하셨다. 그러나 외식하는 자들만은 경계하시고 책망하셨다. "화 있을진저 외식하는 서기관들과 바리새인들이여 잔과 대접의 겉은 깨끗이 하되 그 안에는 탐욕과 방탕으로 가득하게 하는도다"(마 23:25). 예수님은 거듭 "화 있을진저 외식하는 서기관들과 바리새인들이여 회칠한 무덤 같으니 겉으로는 아름답게 보이나 그 안에는 죽은 사람의 뼈와 모든 더러운 것이 가득하도다"(마 23:27)라고 말씀하신다.

이 말씀을 읽고 묵상할 때마다 내 자신의 모습을 보곤 한다. 경건의 모양은 있으나 경건의 능력은 없다는 책망을 받는 것 같다.

성경을 읽다가 받는 충격 가운데 하나는 하나님이 쓰신 인물들의 대부분은 외모가 탁월한 것이 아니라 내면이 아름다웠다는 사실이다. 이스라엘의 초대 왕 사울은 준수한 소년이었고, 이스라엘 자손 중에 그보다 더 준수한 자가 없었고, 키는 모든 백성보다 어깨 위는 더 했다(삼상 9:2). 그런데 하나님은 사울을 버리시고 다윗을 선택하셨다. 그리고 그때 하나님은 사무엘에게 사람은 외모를 보지만 하나님은 중심을 보신다고 말씀하셨다. 결국 하나님의 관심은 사람의 내면에 있다는 것을 배우게 된다.

다윗의 아들 가운데 압살롬은 그 아름다움에 흠이 없었다. 성경은 "온 이스라엘 가운데 압살롬같이 아름다움으로 크게 칭찬받는 자가 없었으니 저는 발바닥부터 정수리까지 흠이 없음이라"(삼하 14:25)고 압살롬을 묘사한다. 그러나 그 마음에는 자기 누이를 범한 암논에 대한 분노가 있었다. 결국 압살롬은 암논을 죽였다. 아버지 다윗에게 반역자가 된다. 그는 외모에는 흠이 없었지만 내면세계는 흠으로 가득 찬 사람이었다. 압살롬은 그의 아름다운 외모에 비해 내면은 무덤과 같았다.

이 땅에 오신 예수님은 외모가 대단한 분은 아니셨다. 이사야는 예수님에 대해 "그는 주 앞에서 자라나기를 연한 순 같고 마른 땅에서 나온 줄기 같아서 고운 모양도 없고 풍채도 없은즉 우리의 보기에 흠모할 만한 아름다운 것이 없도다"(사 53:2)라고 예언했다. 그러나 예수님의 내면은 아름다웠다. 예수님 안에 평강, 기쁨, 온유, 긍휼, 사랑이 가득하셨다. 입을 벌리면 은혜의 말씀이 넘쳐흘렀다(눅 4:22). 예수님은 사생활과 공생활이 일치하셨다. 비록 외모는 화려하지 않으셨지만 내면은 아름다운 향기를 발하셨다. 내면과 외면의 삶에 조화가 있으셨다. 예수님은 선하셨다. 때문에 사람들이 어떻게 대하든지 예수님에게서는 항상 선한 것만 나왔다.

영성 훈련은 예수님처럼 사적 생활과 공적 생활의 모습을 일치시키는 작업이다. 입술과 마음을 일치시키는 훈련이다. 이중성 없는 예수님의 인격을 닮아 가는 것이 영혼 관리의 목표이다.

6부 열매 맺는 영성

하나님은 우리와 친밀한 교제를 넘어서서 완전히
연합하는 관계에 들어가기를 원하신다.
예수님과 연합하고 예수님 안에 친밀하게 거할 때
우리 삶은 과실을 많이 맺게 된다.

33_ 꽃이 아닌 열매를 찾으시는 하나님

**하나님은 꽃 같은 인기를 위해 우리를 부르신 것이 아니라
생명력 있는 인격의 열매를 맺게 하기 위해 부르셨다.**

하나님은 우리에게 아름다운 꽃이 되라고 말씀하지 않으신다. 하나님은 우리에게 풍성한 열매를 맺으라고 말씀하신다. 하나님은 우리에게 꽃처럼 화려한 인생이 되라고 말씀하신 적이 없다. 꽃은 아름답지만 꽃은 떨어져야만 한다. 꽃이 떨어질 때 풍성한 열매가 맺힌다. 하나님은 우리가 세상에서 화려한 꽃을 자랑하는 인생이 되기보다 비록 화려하지 않아도 열매 맺는 백성이 되기를 원하신다.

그리스도의 제자가 되는 표지도 열매다. 주님은 "너희가 과실을 많이 맺으면 내 아버지께서 영광을 받으실 것이요 너희가 내 제자가 되리라"(요 15:8)고 말씀하셨다. 예수님이 우리를 선택하신 이유도 꽃을 피우기 위해서가 아니라 열매를 맺게 하시기 위해서이다. "너희가 나를 택한 것이 아니요 내가 너희를 택하여 세웠나니 이는 너희로 가서 과실을 맺게 하고 또 너희 과실이 항상 있게 하여 내 이름으로 아버지께 무엇을 구하든지 다 받게 하려 함이니라"(요 15:16). 이 말씀을 제자들에게 주신 예수님은 꽃을 피우는 삶보다 열매 맺는 삶을 사셨다.

꽃은 아름답다. 향기가 있다. 귀한 것이다. 그러나 꽃은 그 속에 생명이 없다. 열매는 투박하다. 향기가 없다. 그러나 열매 속에는 생명이 있다. 그 생명 속에 미래가 있다. 나는 열매 하나를 볼 때 그 속에 감추어진 무수히 많은 나무들을 본다. 모든 나무는 열매 속에 있는 작은 씨앗에서 시작되었기 때문이다.

한 씨앗 속에 감추어진 수많은 나무들과 열매를 보라. 비전은 바로 작은 씨앗 속에서 많은 나무와 열매를 보는 것이다. 꽃은 사람을 살리지 못하지만 열매는 먹는 사람을 살린다. 하나님은 우리가 좋은 열매 맺기를 원하신다.

꽃은 인기와 같다. 사람들의 평판과 같다. 꽃은 사람들의 관심을 끈다. 세상의 성공과 같다. 많은 사람은 꽃피우기를 소원한다. 많은 사람들의 관심과 선망의 대상이 되길 원한다.

그러나 열매는 인격과 같은 것이다. 사람들이 우리를 보는 것을 평판이라 한다면 인격은 하나님이 우리를 보시는 것이다. 평판이 성취와 관련되어 있다면, 인격은 우리의 존재와 관련되어 있다. 인격은 사람들의 관심을 끌기보다는 하나님의 관심을 끈다. 사람들은 잘 알아보지 못하지만 하나님은 아신다. 인격은 내면에 감추어져 있기 때문이다.

꽃의 영광은 잠시뿐이다. 열매 맺는 나무를 보면 핀 꽃이 떨어진 후에 열매를 맺게 된다. 꽃은 열매를 맺기 위해 존재한다. 열매 맺기를 싫어하고, 꽃으로 머물기를 고집할 때 꽃은 자신의 사명을 망각하게 된다. 꽃처럼 그 영광만을 누리려는 사람은 성공의 의미를 모르는 사람이다. 꽃이 열매를 위한 디딤돌이라면, 성공은 섬김을 위한 디딤돌이다. 그러나 많은 사람들은 성공을 섬김을 위한 기회로 보기보다는 자신의 안락과 부귀를 위한 것으로 생각한다. 열매는 자신을 위해 존재하는 것이 아니다. 나무가 자신을 위해 열매를 맺는 법은 없다. 나무는 자신의 열매를 먹지 않는다.

  열매 맺는 영성은 화려하지는 않지만 성령의 열매가 풍성하다. 하나님은 인기를 위해 우리를 부르신 것이 아니라 생명력 있는 인격의 열매를 맺게 하기 위해 부르셨다.

34_ 위에서 아래로 내려오는 것이 열매 맺음의 시작이다

예수님은 자꾸 아래로 내려오셨다. 가장 아래서 섬기기를 원하셨다.
예수님은 가장 아래서 모든 사람을 섬기신 왕이다.

영성은 열매를 맺는 삶이다. 영성에 이르는 길은 풍성한 열매를 향해 가는 길이다. 하나님이 원하시는 열매는 무엇일까?

세례 요한은 광야에서 회개하라고 외쳤다. 회개에 합당한 열매를 맺으라고 소리쳤다. 요한은 경고했다. "이미 도끼가 나무 뿌리에 놓였으니 좋은 열매 맺지 아니하는 나무마다 찍혀 불에 던지우리라"(눅 3:9). 이때 찾아온 무리들이 물었다. "무리가 물어 가로되 그러하면 우리가 무엇을 하리이까"(눅 3:10). 세례 요한은 그들의 삶의 변화를 요구했다. 옷 두 벌 있는 자는 한 벌도 없는 자에게 나누어 주라고 했다. 열매는 삶의 변화이며, 인격의 변화이다.

그렇다면 어떻게 열매 맺는 영성을 소유할 수 있을까?

예수님은 요한복음 12장 24-25절에서 열매 맺는 비결을 말씀하셨다. "내가 진실로 진실로 너희에게 이르노니 한 알의 밀이 땅에 떨어져 죽지 아니하면 한 알 그대로 있고 죽으면 많은 열매를 맺느니라 자기 생명을 사랑하는 자는 잃어버릴 것이요 이 세상에서 자기 생명을 미워하는 자는 영생하도록 보존하리라." 열매를 맺는 길은 먼저 위에서 아래로 떨어지는 것이다. "한 알의 밀이 땅에 떨어져"라는 말씀으로 열매 맺는 길을 설명하고 계신다.

그러나 이 말씀은 누구를 위한 말씀이기 전에 예수님 자신의 모습을 나타내고 있다. 예수님의 생애는 떨어지는 생애셨다. 하늘에서 땅으로 떨어지셨다. 끊임없이 아래로 내려가기를 힘쓰셨다. 구유에까지 내려오셨다.

세상 권력자들의 소원은 가장 높이 올라가는 것이다. 사람들의 관심의 대상이 되는 것이다. 평판이 중요하고, 인기가 중요하다. 세상에서 가장 소중히 여기는 것은 이미지다. 그 이미지를 통해서 대중의 우상이 되는 것이 소원이다.

그러나 주님은 다르셨다. 자꾸 아래로 내려오셨다. 가장 아래서 섬기기를 원하셨다. 자신의 이미지에는 관심이 없으셨다. 예수님의 이미지는 세상이 주목할 수가 없었다. 구유에 누인 아기 예수가 예수님의 이미지였다. 목수의 아들이 예수님의 이미지였다. 십자가에서 처참하게 못 박혀 죽는 모습이 예수님의 이미지였다. 부활 뒤에 예수님이 만왕의 왕이 되신 것은 하나님 아버지께서 하신 일이었다. 다만 예수님 자신은 끊임없이 아래로 내려가는 이미지를 우리에게 주셨던 것이다.

예수님의 관심은 복음의 이미지, 천국의 이미지를 부각시키는 데 있었다. 우리는 자신들의 이미지를 복음의 이미지보다도 더 중요하게 생각할 때가 있다. 자신이 섬기는 교회의 이미지를 주님보다 더 중요하게 생각할 때가 있다. 여기에서 우리의 영성은 낮은 수준에 머물고 만다.

아래 있는 사람이 아래로 내려온다는 것은 큰 차이점이 없다. 위에 있는 사람이 아래로 내려와 섬길 때 영향력을 끼치게 된다. 위에 계셨던 주님이 내려오셨기 때문에 인류에게 영향력을 끼치셨던 것이다. 그리스도인들이 좋은 위치에 있다는 것은 아름다운 일이다. 그러나 중요한 것은 그 자리에서 내려와 섬기는 삶을 살 때 주님의 발자취를 따라가게 된다.

아름다운 열매는 위에서 아래로 내려올 때 맺게 된다. "바다가 모든 강들 가운데 왕이 되는 것은 바다가 가장 아래 있기 때문이다"라고 중국의 현자는 말했다. 예수님은 바다 같은 분이시다. 가장 아래서 모든 사람을 섬기는 왕이시기 때문이다.

35_ 열매 맺으려면 자신을 감추어야 한다

> 하나님으로 인해 존재가 넉넉한 사람은 자신을 드러내기 위해 힘쓰지 않는다.
> 존재 자체가 이미 가득 차 있기 때문이다.

열매 맺는 영성은 위에서 아래로 내려와 자신을 감추는 데 있다. 이는 예수님의 생애에 나타난 모습이다. 한 알의 밀이 땅에 떨어진 다음 어느 정도 감추어져 있어야 한다. 씨앗이 싹이 나고 열매를 맺으려면 먼저 땅속에 감추어져야 한다. 싹이 나기 전에 드러나면 새가 와서 먹든지, 뜨거운 태양빛에 말라 버리고 만다.

씨앗은 땅에 머물러서 썩어야 한다. 썩어서 싹이 나기까지 시간이 필요하다. 밖으로 나오기 전에 먼저 감추어져 있어야 한다. 땅에 감추어져 머무는 것이 열매 맺는 영성이다. 자신을 일찍 드러내는 사람은 인기는 있을지 몰라도 열매는 풍성하지 못하다. 드러내기를 좋아하는 것은 주님이 보여 주신 영성이 아니다. 주님의 깊은 영성은 스스로 자신을 감추는 데 있다.

예수님은 늘 자신을 감추기를 힘쓰셨다. 주님의 탄생은 화려하고 유력한 여인에게서 태어나신 것이 아니다. 비천한 여인 마리아에게서 태어나셨다. 아부도 기대할 수 없는 여인의 몸에 자신을 감추셨다.

주님이 태어나신 동네는 베들레헴이었다. 이스라엘 민족 전체가 흠모하는 예루살렘이 아니었다. 베들레헴은 작은 고을이다. 베들레헴에 사는 사람을 촌사람이라고 했다. 대단한 인물을 기대할 수 없는 곳이었다.

또한 예수님이 성장하신 곳도 보잘것없는 나사렛이란 동네였다. 나다나엘이 "나사렛에서 무슨 선한 것이 날 수 있겠느냐"고 말할 만큼 대단치 않은 동네였다. 예수님의 활동 무대도 예루살렘이 아니라 주로 갈릴리였다. 주님은 드러내길 꺼려하셨다.

예수님은 사람들의 병을 치료해 주신 후 자신이 그 병을 고쳐 주었음을 아무에게도 말하지 말라고 부탁하셨다. 문둥병을 고쳐 주신 후 "엄히 경계하사 곧 보내시며 가라사대 삼가 아무에게 아무 말도 하지 말고…"(막 1:43-44)라며 부탁하셨다. 그러나 그 사람이 나가서 예수님을 사람들에게 널리 전파했을 때 많은 사람들이 예수님께 나아왔다. 마가는 그때의 모습을 "그러므로 예수께서 다시는 드러나게 동네에 들어가지 못하시고 오직 바깥 한적한 곳에 계셨으나 사방에서 그에게로 나아오더라"(막 1:45)고 증거한다.

오병이어의 기적을 일으키셨을 때 사람들은 예수님을 억지로 잡아 왕을 삼으려고 했다. 그때도 예수님은 그 무리를 떠나 한적한 곳에 가셔서 홀로 기도하셨다(요 6:15).

우리는 자신을 알리는 것을 최고로 생각하는 시대 속에 살고 있다. 사람들이 우리를 알아주지 않을 때 불안해한다. 사람들의 평판을 자기 존재 가치와 연결시키고 있다. 자신이 하고 있는 사역을 드러내기 원한다. 성취도 드러내길 원한다. 하나님이 우리가 하는 일을 드러내실 때 그것은 잘못된 것이 아니다. 더 나은 섬김을 위해, 하나님이 이루신 일들을 함께 나누어서 다른 사람들을 돕는 일이라면 좋은 것이다. 그러나 자기 과시는 하나님이 기뻐하시지 않는다.

존재가 넉넉한 사람은 자신을 드러내기 위해 힘쓰지 않는다. 존재 자체가 이미 가득 차 있기 때문이다. 그 안에 풍성한 생명이 충만해 있기 때문이다.

하나님이 열매를 찾으시는 이유는 그 열매 안에 감추어진 생명 때문이다. 그 안에 감추어진 가능성 때문이다. 열매 안에는 수천 그루의 나무가 들어 있다. 열매를 풍성히 맺는 영성을 소유한 사람은 자신을 드러내지 않지만 가능성으로 충만한 사람인 것이다. 드러내지 않는 영성은 열매 맺는 과정에서 필수적이다.

36_ 자아를 깨뜨릴 때 풍성한 열매를 맺게 된다

**씨앗에 감춰인 생명은 그 씨가 깨어질 때 싹이 나고 열매를 맺는다.
우리 영혼도 자아를 깨뜨릴 때 그 안에 있는 생명이 열매를 맺는다.**

예수님의 영성은 십자가에서 극치를 이룬다. 주님은 십자가에서 자신을 깨뜨리심으로 인류 구원의 열매를 풍성하게 맺으셨다. 예수님은 요한복음 12장 24-25절 에서, 자신의 생애를 그대로 보여 주는 열매 맺는 원리를 썩어서 죽는 밀알을 빌어 말씀하셨다. 열매 맺는 삶은 위에서 아래로 내려오는 삶, 자신을 드러내지 않는 삶이다.

그리고 그 삶의 절정은 자신을 깨뜨리는 삶이다. 한 알의 밀이 땅에 떨어져 감추어져 있다 할지라도 깨뜨려지지 않으면 생명이 나올 수가 없다. 씨앗의 생명은 그 안에 감추어져 있다. 그것이 깨뜨려질 때 생명이 드러나 싹이 나고 열매를 맺게 된다.

귀한 것은 감추어져 있다. 보화는 흔하지 않다. 보화는 쉽게 발견되지 않는다. 오히려 보화는 흑암 중에서 발견된다. 깊은 곳에서 발견되는 것이 보배이다. 이사야 선지자는 이 신비를 이렇게 말하고 있다. "네게 흑암 중의 보화와 은밀한 곳에 숨은 재물을 주어서 너로 너를 지명하여 부른 자가 나 여호와 이스라엘의 하나님인 줄 알게 하리라"(사 45:3).

이 감춰진 보화와 같은 것이 생명이다. 예수님을 영접한 우리 안에는 하나님의 생명이 거하신다. 이 생명은 영원한 생명이다. 이 생명은 하나님의 성품이며 하나님의 능력이다. 이 생명이 어떻게 흘러나올 수 있는가? 이 생명을 감싸고 있는 자아가 깨어질 때이다.

'자아를 깨뜨린다'고 할 때 '자아'란 무엇을 의미할까? 성경에는 이를 표현하는 말들이 많다. '육'이요, '옛사람'이라고 표현한다. 어떤 사람은 '혼'이라고 말하기도 한다. 그래서 혼을 깨뜨리라고, 혼을 길들이라고도 한다. 자아는 하나님의 생명을 감싸고 있는 것이라고 말할 수 있다.

하나님의 생명의 약동을 방해하는 자아를 어떻게 깨뜨릴 수 있는가? 그것은 자기를 부인하는 것이다. 주님은 "또 무리에게 이르시되 아무든지 나를 따라오려거든 자기를 부인하고 날마다 제 십자가를 지고 나를 좇을 것이니라"(눅 9:23)고 말씀하셨다. 자아를 십자가에 못 박는 것이다.

사도 바울은 "형제들아 내가 그리스도 예수 우리 주 안에서 가진바 너희에게 대한 나의 자랑을 두고 단언하노니 나는 날마다 죽노라"(고전 15:31)고 고백했다. 여기서 우리는 자아가 깨어진 바울에게서 하나님의 능력이 끝없이 흘러 나갈 수 있었던 능력 있는 영성의 비결을 발견하게 된다.

하나님은 갈한 이스라엘에게 생수를 주시기 위해 반석을 깨뜨리셨다. 반석 안에는 생수가 감추어져 있었다. 모세가 반석을 칠 때 생수가 나왔다.

예수님은 반석이셨다. 하나님이 십자가에서 반석 되신 예수님을 치실 때 생수가 흘러나왔다. 예수님이 십자가에서 흘리신 피와 물은 영혼을 살리는 생명이다. 보배로운 예수님의 피는 죄를 없이하는 능력이다. 예수님이 쏟으신 물은 성령님을 의미한다. 예수님이 보혈을 흘리신 다음 오순절 때 성령의 생수를 부어 주셨다. 성령의 생수는 복음 증거의 능력으로 나타났다. 인류 구원의 열매로 나타났다.

  열매를 맺기 위해서는 예수님처럼 깨어지는 아픔을 경험해야 한다. 그 깨어지는 아픔을 통해서 풍성한 열매를 맺는 축복을 누리게 된다.

37_ 친밀함과 연합이 열매 맺는 비결이다

영성이 깊은 사람들은 하나님을 위해서 일하기보다는 하나님과 함께 일한다.
하나님을 위해 일하기보다는 하나님을 통해서 일한다.

영성의 깊이는 하나님과 나누는 교제의 친밀함을 통해서 알 수 있다. 하나님은 친밀한 교제를 넘어서서 완전히 연합하는 관계에 들어가기를 원하신다. 왜냐하면 하나님이 찾으시는 열매는 연합을 통해 맺을 수 있기 때문이다.

예수님은 "나는 포도나무요 너희는 가지니 저가 내 안에, 내가 저 안에 있으면 이 사람은 과실을 많이 맺나니 나를 떠나서는 너희가 아무것도 할 수 없음이라"(요 15:5)고 말씀하셨다. 예수님과 연합하고, 예수님 안에 친밀하게 거할 때 과실을 많이 맺게 된다.

영성이 깊은 사람들은 하나님을 위해서 일하기보다는 하나님과 함께 일한다. 하나님을 위해 일하기보다는 하나님을 통해서 일한다. 하나님을 위해서 일하는 것은 쉽다. 그러나 하나님과 함께 일하고, 하나님을 통해서 일하는 것은 어렵다. 이것을 구별하지 못하는 사역자들 때문에 하나님의 사역은 혼돈 속에 빠지게 된다.

하나님은 친교와 일에 균형을 요구하신다. 하나님과의 친교는 소홀히 한 채 하나님의 일에만 몰두하는 사람에게 도슨 트로트맨은 "왕국의 일에 너무 몰두한 나머지 왕에게는 전혀 신경 쓸 틈이 없는 그런 일이 있어서는 안 됩니다"라고 충고한다.

예수님과 생명력 있는 교제가 없는 한 우리의 사역은 쓸모가 없다. 열매는 노력한다고 맺어지는 것이 아니다. 열매는 친밀한 연합의 결과로 자연적으로 맺히는 것이다. 가지가 나무에 연합해 있으면서 나무로부터 많은 생명력을 공급받게 되면 열매는 절로 맺힌다. 열매의 풍성함은 가지가 나무로부터 얼마나 많은 생명을 공급받느냐에 달렸다.

예수님은 이 열매 맺는 원리를 아셨기 때문에 제자들을 선택하셨을 때 제일 먼저 당신 자신과 함께 있기를 원하셨다. 그 후 제자들에게 사역을 맡기셨다. 마가는 이 제자 삼는 사역의 원리를 다음과 같이 기록한다. "이에 열둘을 세우셨으니 이는 자기와 함께 있게 하시고 또 보내사 전도도 하며 귀신을 내어 쫓는 권세도 있게 하려 하심이러라"(막 3:14-15).

예수님과 함께 있어 본 경험이 있는 사람이 사역을 해야 한다. 예수님과 함께 있을 때 우리는 예수님의 관심, 예수님의 마음, 예수님의 비전, 그리고 예수님의 능력의 원천을 알 수 있다. 그때 예수님의 생각이 우리의 생각이 되고, 예수님의 눈물이 우리의 눈물이 되고, 예수님의 기도가 우리의 기도가 되는 것이다.

예수님과 친밀한 교제를 원한다면 많은 것을 포기해야 한다. 예수님과 함께 시간을 갖기 위해 시간을 내야 한다. 예수님 앞에 조용히 머무르며, 예수님을 바라보아야 한다. 예수님과 방향을 같이하고, 뜻을 같이하고, 보조를 같이해야 한다. 그때 예수님과 깊은 친교에 들어가게 된다. 예수님과 깊은 친교를 나눌 때 예수님이 맡기신 사역을 발견하고, 그 사역에 필요한 모든 것을 공급받는 축복을 누리게 된다.

어떻게 예수님 안에 거하며, 예수님과 연합할 수 있는가? 예수님의 말씀 안에 거할 때 예수님과 연합하게 된다(요 8:31). 예수님이 곧 말씀이고, 말씀이 곧 예수님이기 때문이다(요 1:1-3). 또한 예수님의 말씀 안에서 기도할 때 깊은 연합에 들어가게 된다(요 15:7).

부부가 친밀한 연합에 들어갈 때 아이를 낳는 열매를 맺는 것처럼, 예수님과 연합할 때 영혼을 구원하는 생명을 낳게 된다. 구원 사역은 친밀한 연합의 열매이다.

7부 거룩한 영성

하나님을 위해 자기를 더럽히지 않는 것이 거룩이요,
그 거룩함을 지키는 것이 영성 훈련이다.
영성 훈련은 오직 하나님의 능력과 충만을 힘입기 위해 날마다
자신을 부인하고 정결하게 비우는 훈련이다.

38_ 영성은 하나님의 능력을 담는 그릇이다

하나님께 쓰임받기 위한 그릇은 크지 않아도 되고, 힘이 없어도 되고, 화려하지 않아도 된다. 그러나 깨끗해야 한다.

영성은 그릇과 같다. 하나님의 능력을 담는 그릇이 영성이다. 하나님의 은혜와 축복을 담는 그릇이 영성이다. 영성은 구원의 문제가 아니다. 구원은 믿음과 관련되어 있다. 예수님을 믿으면 누구나 구원받는다. 그러나 영성은 하나님께 쓰임받는 것과 깊은 관련이 있다.

하나님이 사람을 쓰기 원하실 때 찾으시는 것이 있다. 바울은 디모데에게 하나님이 쓰시는 그릇을 다음과 같이 말하고 있다.

"큰 집에는 금과 은의 그릇이 있을 뿐 아니요 나무와 질그릇도 있어 귀히 쓰는 것도 있고 천히 쓰는 것도 있나니 그러므로 누구든지 이런 것에서 자기를 깨끗하게 하면 귀히 쓰는 그릇이 되어 거룩하고 주인의 쓰심에 합당하며 모든 선한 일에 예비함이 되리라"(딤후 2: 20-21).

하나님이 쓰시기에 합당한 그릇은 깨끗한 그릇이다. 하나님께 쓰임받기 위한 그릇은 크지 않아도 되고, 힘이 없어도 되고, 화려하지 않아도 된다. 그러나 깨끗해야 한다. 그릇의 크기나 모양이 중요한 것이 아니다. 그릇 안에 담긴 하나님의 능력이 중요한 것이다.

예수님은 어떤 그릇이셨는가? 헨리 나우웬은 예수님의 영성을 세 가지로 표현한다. 작은 영성, 무력한 영성, 그리고 연약한 영성이다.

예수님은 너무 작게 오셨다. 우리가 늘 기도하고 바라는 큰 그릇이 아니셨다. 구유에 누인 작은 예수로 태어나셨다. 예수님은 우리가 늘 소원하는 능력 있는 그릇도 아니셨다. 예수님은 십자가에서 무력하게 돌아가셨다. 힘도 없이 연약한 그릇으로 이 땅에 사셨다. 이사야 선지자는 예수님의 모습을 "그는 주 앞에서 자라나기를 연한 순 같고 마른 땅에서 나온 줄기 같아서 고운 모양도 없고 풍채도 없은즉 우리의 보기에 흠모할 만한 아름다운 것이 없도다"(사 53:2)라고 묘사한다. 그렇지만 예수님 안에는 하나님의 능력이 충만하셨다. 예수님은 하나님의 능력을 담은 그릇이셨다.

예수님은 하나님의 능력을 많이 말씀하셨다. 그리고 예수님이 가시는 곳마다 하나님의 능력이 나타났다. 예수님의 몸에서 하나님의 능력이 나가 사람들을 치료했다. 누가는 이렇게 기록하고 있다. "온 무리가 예수를 만지려고 힘쓰니 이는 능력이 예수께로 나서 모든 사람을 낫게 함이러라"(눅 6:19). 혈루증으로 고생하던 여인이 치료받은 것을 아신 예수님은 "내게 손을 댄 자가 있도다 이는 내게서 능력이 나간 줄 앎이로다"(눅 8:46)라고 말씀하셨다. 예수님은 성령의 능력을 힘입어 귀신을 쫓아내셨다. 예수님 안에는 하나님의 능력이 충만하셨다. 그러나 예수님 자신은 작은 그릇, 무력한 그릇, 연약한 그릇으로 남기를 기뻐하셨다.

하나님은 어떤 사람을 통해서 역사하시는가? 자신의 그릇을 과시하는 사람이 아니라 그릇 안에 임하시는 하나님을 높이는 사람이다. "하나님은 자기를 의지하기에 충분히 연약한 자를 사용하신다"고 허드슨 테일러는 말했다.

그릇의 크기나 모양이 중요한 것이 아니다. 외모도 중요한 것이 아니다. 문제는 그릇의 정결함이다. 하나님의 능력은 깨끗한 그릇에 충만히 임한다. 자신이나 육신의 힘을 의지하지 않고, 오직 하나님의 능력만을 의지하는 사람을 통해서 하나님은 놀라운 일을 이루신다.

영성 훈련이란 자신을 깨끗하게 하는 것이다. 오직 하나님의 능력을 힘입기 위해 날마다 자신을 부인하는 훈련이 영성 훈련이다(눅 9:23).

39_ 깊은 영성과 고난은 함께 간다

고난을 통해 하나님의 사람은 정결케 된다. 깊은 영성, 깊은 인격, 깊이 있는 사람은 고난을 통해 만들어진다.

하나님은 고난을 통과한 사람들을 귀히 쓰신다. 하나님이 쓰기 원하시는 사람들을 깨끗하고 합당한 그릇으로 만드시기 위해 하나님이 사용하시는 은혜의 방편 가운데 하나가 고난이다. 하나님이 선택하신 사람들은 바울이 고린도 교인들에게 기록한 것처럼 세상의 기준과는 정반대인 것을 볼 수 있다.

"형제들아 너희를 부르심을 보라 육체를 따라 지혜 있는 자가 많지 아니하며 능한 자가 많지 아니하며 문벌 좋은 자가 많지 아니하도다"(고전 1:26).

 하나님은 때로 세상이 볼 때 지혜롭고 가문이 좋은 사람들이 아니라 형편없는 사람들을 사용하신다. 그렇지만 하나님이 아무렇게나 사람을 쓰시는 것은 아니다. 하나님은 은혜로 사람을 선택하신다. 그리고 선택한 그 사람을 하나님이 원하시는 그릇으로 만들어 나가신다. 그 방법이 바로 고난이라는 것이다.

 깊은 영성, 깊은 인격, 깊이 있는 사람은 고난을 통해서 만들어진다. 죄 없는 분은 한 분 예수님뿐이시다. 예수님은 죄가 없으셨다(히 4:15). 죄 없으신 예수님도 고난에 있어서는 예외가 될 수 없으셨다. 히브리서 기자는 이렇게 기록하고 있다. "그가 아들이시라도 받으신 고난으로 순종함을 배워서 온전하게 되었은즉 자기를 순종하는 모든 자에게 영원한 구원의 근원이 되시고"(히 5:8-9). 고난을 통해서 주님은 순종을 배우셨다. 예수님의 깊은 영성은 고난을 통해서 주어졌다.

 고난을 통해 하나님의 사람은 정결케 된다. 쓸 만한 그릇이 된다. 하나님은 "은에서 찌끼를 제하라 그리하면 장색의 쓸 만한 그릇이 나올 것이요"(잠 25:4)라고 말씀하신다. 은에서 찌끼를 제하는 길은 찌끼 있는 은그릇을 풀무에 집어넣는 것이다. 풀무는 고난을 상징한다. 바로 그곳에서 찌끼 있는 은그릇이 정결케 된다.

욥은 부족함이 없는 사람이었다. 그는 부요했고, 동방의 의인이었다. 자녀의 복을 받은 사람이었다. 세상의 복을 누린다는 것은 죄가 아니다. 그렇지만 하나님이 그를 사용하기로 작정하실 때 고난을 주셨다. 욥은 "나의 가는 길을 오직 그가 아시나니 그가 나를 단련하신 후에는 내가 정금같이 나오리라"(욥 23:10)고 깨달은 고난의 의미를 기록하고 있다.

하나님은 욥을 단련하셨다. 욥에게서 찌끼가 제해지고 정금 같은 모습이 나오기까지 연단하셨다. 그래서 욥기를 읽어 보면 인생의 깊이를 알 수 있다. 심오한 하나님의 지식과 사상을 배울 수 있다. 고난 중에 쓰인 글이기 때문이다.

바울은 하나님이 이방을 위해 택한 그릇이었다. 예수님이 다메섹 도상에서 바울을 만나신 후 바울의 생애에 대해 아나니아에게 하신 말씀을 주의해서 보아야 한다. "…이 사람은 내 이름을 이방인과 임금들과 이스라엘 자손들 앞에 전하기 위하여 택한 나의 그릇이라 그가 내 이름을 위하여 해를 얼마나 받아야 할 것을 내가 그에게 보이리라"(행 9:15-16).

'해'라는 말은 '고난'을 의미한다. 바울의 인생 이력서는 고난의 이력서였다. 바울의 깊은 영성은 이 고난을 통해 왔다. 그의 그릇은 고난을 통해 정결케 되었다. 그는 연약한 사람이었지만 그를 통해 나타난 그리스도의 능력은 컸다.

하나님이 허락하신 고난을 도피하지 말고, 바울처럼 깊은 영성을 형성하는 기회로 삼으라.

40_ 거룩은 한마음을 소유하는 것이다

마음이 나뉘면 불안하고 하나님의 뜻을 성취할 수 없다.
하나님은 당신을 전적으로 신뢰하는 한마음을 원하신다.

거룩은 하나님을 향해 한마음을 갖는 것이다. 하나님이 제일 싫어하시는 것이 두 마음을 품는 것이다. 야고보 사도는 두 마음을 품는 사람을 향해 이렇게 경고한다. "이런 사람은 무엇이든지 주께 얻기를 생각하지 말라 두 마음을 품어 모든 일에 정함이 없는 자로다"(약 1:7-8). 기도에 대한 확신을 갖지 못하고 의심을 품는 사람들에게 경고하는 말이다.

의심할 때 우리 마음이 나누인다. 염려할 때 우리 마음이 나누인다. 하나님을 향한 불신앙에서 의심과 염려가 온다. 마음이 나누일 때 불안하고, 마음이 나누일 때 하나님의 뜻을 성취할 수 없다. 하나님은 믿는 자 속에서 역사하시고, 거룩은 바로 전심으로 하나님을 신뢰하는 삶 속에서 이룩된다. 한마음이란 하나님을 전적으로 신뢰하는 마음이다.

하나님은 혼합하는 것을 싫어하신다. 무엇이든지 혼합할 때 거룩은 깨어진다. 하나님은 이스라엘 백성들에게 여러 가지 면에서 성별의 진리를 가르치셨다.

하나님은 밭에 두 종자를 섞어 뿌리는 것을 금하셨고, 두 재료로 직조한 옷을 입는 것도 금하셨다(레 19:19). 또한 육축도 다른 종류와 교합시키는 것을 금하셨다(레 19:19). 심지어 소와 나귀에 함께 멍에를 메어 밭을 가는 것도 못하게 하셨다(신 22:10). 잠언은 "재앙이 뉘게 있느뇨 근심이 뉘게 있느뇨 분쟁이 뉘게 있느뇨 원망이 뉘게 있느뇨 까닭 없는 창상이 뉘게 있느뇨 붉은 눈이 뉘게 있느뇨 술에 잠긴 자에게 있고 혼합한 술을 구하러 다니는 자에게 있느니라"(잠 23:29-30)고 말하면서 혼합한 술을 구하는 자를 경고한다.

하나님은 순수한 것을 원하신다. 하나님이 우상 숭배를 금하신 것도 그래서이다. 두 마음을 싫어하시기 때문이다. 하나님이 특별히 모든 죄 가운데서 간음죄를 싫어하신 이유도 바로 이 두 마음 품는 것을 싫어하시기 때문이다. 하나님과 연합하는 것 외에 어떤 것과의 연합도 싫어하신다. 바울은 "창기와 합하는 자는 저와 한 몸인 줄을 알지 못하느냐 일렀으되 둘이 한 육체가 된다 하셨나니 주와 합하는 자는 한 영이니라"(고전 6:16-17)고 말한다.

한마음을 추구하는 삶을 살기 위해서는 먼저 뜻을 정해야 한다. 다니엘은 포로로 끌려간 바벨론 땅에서 거룩한 삶을 살기로 뜻을 정했다. 성경은 "다니엘은 뜻을 정하여 왕의 진미와 그의 마시는 포도주로 자기를 더럽히지 아니하리라 하고 자기를 더럽히지 않게 하기를 환관장에게 구하니"(단 1:8)라고 기록한다. 하나님을 위해 자기를 더럽히지 않는 것이 거룩이다. 다니엘은 거룩한 삶에 뜻을 두고, 목숨을 내어 놓았다.

다니엘의 삶의 모습을 성경은 "이에 총리들과 방백들이 국사에 대하여 다니엘을 고소할 틈을 얻고자 하였으나 능히 아무 틈, 아무 허물을 얻지 못하였으니 이는 그가 충성되어 아무 그릇함도 없고 아무 허물도 없음이었더라"(단 6:4)고 말한다. 다니엘의 아름다운 삶의 모습이다. 하나님을 향해 거룩한 삶을 추구하기로 헌신한 다니엘은 시대와 왕들을 초월해서 흠 없는 삶을 살았다. 다니엘의 형통의 비결은 거룩에 있었다. 하나님이 그를 사용하신 가장 중요한 이유도 바로 이 거룩에 있었다.

한마음을 품는 비결은 다니엘처럼 하나님만을 사랑하고, 하나님께 쓰임받는 것을 최고의 영광으로 아는 것이다. 오직 하나님 한 분으로 만족하기로 결정하라. 하나님을 향해 한마음을 품으라.

41_ 거룩한 영성은 영향력을 끼친다

하나님은 죄를 미워하고 하나님을 경외하며 사명을 위해 생명을 내놓는 한 사람, 거룩을 최고의 목표로 삼고 살아가는 한 사람을 찾으신다.

거룩한 영성을 추구하는 이유는 영향력 때문이다. 성자라고 불리는 사람들을 연구해 보면 대단한 업적을 많이 남기거나 성취를 이룬 사람들이 아니다. 다만 그들의 동기가 항상 순수했던 사람들이다. 하나님을 향한 사랑과 영혼을 향한 사랑이 그들의 삶의 동기였고, 삶의 원리였다. 그리고 그들이 끼친 영적 감화력은 대단히 아름다웠다.

예수님을 보라. 예수님은 책 한 권 남기지 않으셨고, 군대를 모집하지도 않으셨다. 선교 단체를 창설하거나 큰 건물을 건축하신 적도 없다. 어린 시절 애굽에 피신 다녀오신 것 외에는 돌아보신 특별한 장소도 없었다. 그러나 예수님의 영향력은 시대를 초월하고, 장소를 초월하고, 인종을 초월했다. 예수님은 영원한 영향력을 끼치고 계신다.

예수님의 영향력의 근본은 거룩에 있다. 세상을 움직이는 것이 물질, 권력, 섹스, 지식과 정보 같아 보이지만 정작 세상을 움직이는 것은 영적인 감화력이요, 거룩이다.

젊은 나이에 하나님의 부르심을 받은 로버트 머레이 맥체인(Robert Murray McCheyne)에게서 거룩한 영성이 보여 주는 영향력을 배울 수 있다. 그가 강단에 올라섰을 때, 말 한마디 내뱉지 않았음에도 불구하고 사람들이 조용히 울기 시작했다고 한다. 그의 모습은 하나님의 임재를 느끼게 했고, 하나님으로부터 온 메시지를 전해 주는 자라는 인상을 사람들에게 주었다. 그것이 바로, 그가 입을 열기도 전에 사람들에게 끼친 영향력이다. 그 영향력은 그의 거룩한 삶에서 나온 것이다.

북 스코틀랜드에서 그와 함께 밤을 보내게 된 사역자가 있었다. 그 사역자는 맥체인에게 깊은 감명을 받고 그가 방을 떠날 때 눈물을 흘리며 "아! 저분은 내가 지금까지 본 중에서 예수님을 가장 많이 닮은 분이다"라고 말했다.

맥체인의 전기를 쓴 스튜어트(Stewart)는 "맥체인은 지성소 안에 들어가 수시간을 기쁨의 찬양과 경배를 드리고 갈보리의 사랑으로 목욕한 다음 집집을 방문하며, 그리스도의 살아 있는 향기를 풍기기 위해 하나님의 존전에서 나온다. 그가 담당 교구의 거리를 걸을 때나 영국의 다른 거리를 걸을 때도 사람들은 그의 얼굴에서 예수님을 보고 놀란다"고 기록했다.

성경은 거룩한 영성을 소유한 의인 한 사람을 소중히 여긴다. 소돔과 고모라의 멸망은 의인 열 사람이 없었기 때문이다(창 18:32). 하나님은 예레미야에게 의인을 한 사람이라도 찾으면 성을 사하겠다고 하셨다(렘 5:1). 아담 한 사람의 범죄로 전 인류에게 사망이 찾아왔다(롬 5:12). 예수님 한 분의 순종으로 전 인류에게 영생의 길이 열렸다(롬 5:17). 요셉 한 사람이 바로 섰을 때 애굽과 그 당시 세계가 구원을 경험했다. 모세 한 사람이 손을 들어 기도할 때 이스라엘이 아말렉과의 전투에서 승리했다. 하나님은 거룩한 한 사람의 헌신을 귀중히 보신다.

오늘도 하나님은, 죄를 미워하고 하나님을 경외하며 사명을 위해 생명을 내어 놓는 한 사람을 찾고 계신다. 하나님은 거룩을 최고의 목표로 삼고 살아가는 사람을 찾고 계신다. 거룩한 한 사람이 있는 시대와 장소는 복을 받는다. 다니엘이 살고 있던 시대가 복을 받고, 그가 살고 있던 바벨론이 복을 받았다. 바울 한 사람의 헌신으로 세계 복음화는 시작되었다.

하나님은 사람들의 인기와 명성이 아닌 거룩한 영성을 추구하는 사람들을 찾고 계신다. 하나님은 바로 우리 자신이 거룩한 영향력을 끼치는 거룩한 사람으로 성숙하기를 기대하신다.

42_ 거룩의 목표는 예수 그리스도다

> 예수님을 닮아 가는 것이 바로 거룩이다. 거룩은 모든 것을 회복시킨다.
> 거룩이 닿은 곳마다 죄가 드러난다. 회개의 역사가 일어난다.

하나님의 사람에게 있어서 거룩은 다른 사람에게 영향력을 끼치는 능력이다. 거룩한 하나님의 사람의 영향력은 시간과 공간을 초월한다.

이 거룩한 삶의 영향력을 파괴하는 것이 죄다. 거룩이 능력인 것처럼, 죄도 악한 능력이다. 악한 영향력이다. 죄는 모든 것을 다 깨뜨린다. 죄는 저주와 심판과 분리를 가져온다. 죄는 쓸 만한 것도 못 쓰게 만든다. 죄가 들어가면 쓸 만한 사람도 비참한

폐인이 되고 만다. 죄는 관념이 아니다. 죄는 살아 있는 세력이다. 죄는 에덴동산도 파괴했다. 죄가 닿는 곳마다 파괴되었다. 죄는 개인, 가정, 공동체, 그리고 국가마저도 파괴한다.

그러나 거룩은 모든 것을 회복시킨다. 거룩이 닿는 곳마다 죄가 드러난다. 회개의 역사가 나타난다. 쓸모없는 사람이 거룩한 은혜를 체험하면 쓸모 있는 사람이 된다.

거룩한 예수님이 이 땅에 오셨을 때 모든 것을 새롭게 하는 역사가 나타났다. 아담의 손으로 타락한 인생들이, 예수님의 손이 닿는 순간 새로운 피조물이 되었다(고후 5:17).

복음서를 읽어 보라. 예수님이 가는 곳마다 어떤 역사가 나타났는가? 예수님을 만난 사람마다 어떤 역사가 나타났는가? 예수님을 모신 가정마다 어떤 역사가 나타났는가? 예수님은 모든 것을 회복시키셨다. 모든 것을 쓸모 있게 하셨다. 예수님이 가시는 곳마다 회개의 역사가 나타났다. 변화의 역사가 나타났다. 사마리아 여인도, 세리도, 세무서장 삭개오도 변화되었다. 거룩한 예수님의 손길이 바로 변화의 역사를 일으켰던 것이다.

거룩을 추구하는 것은 거룩의 능력을 믿기 때문이다. 거룩한 삶이란 무엇을 의미하는가? 거룩의 목표는 무엇인가? 거룩의 목표는 예수 그리스도이다. 예수님을 닮아 가는 것이 바로 거룩이다. 거룩을 추구하는 사람들은 예수님을 닮았다.

힌두교 신자였다가 예수님을 믿게 된 썬다 싱이 한 가정을 방문했을 때, 문을 열어 주러 나온 여종이 흥분해서 여주인에게 달려가 예수님이 오셨다고 말했다고 한다. 다른 한 가정에서는 그가 아이들과 함께 마루에서 기도했는데 아이들이 큰 감명을 받아 잠잘 때 그 어머니에게 "그 예수님이 우리 방에 와서 잘 자라고 말해 주었으면 좋겠어요"라고 말했다. 그의 전기를 쓴 작가는 이에 대해 "이는 그를 만난 모든 사람들의 그에 대한 표현일 뿐이다. 그리스도를 닮은 그의 모습은 온유함과 영육간에 나타난 그의 권위와 훌륭한 조화를 이루었다"고 말했다.

그리스도인의 목표는 예수님이어야 한다. 교회에서 직분을 맡고, 일하는 것은 중요한 일이다. 그러나 하나님 앞에 섰을 때 우리의 직책이 의미가 없음을 발견하게 될 것이다. 다만 하나님은 우리의 모습 속에서 얼마나 그리스도를 닮았는가를 찾으실 것이다.

그리스도의 사역자들에게 가장 중요한 것은 거룩이다. 하나님은 깨끗한 그릇을 쓰신다. 하나님은 당신이 쓰기 원하시는 사람을 거룩하게 하신다. 그리고 그 사람 위에 성령의 능력을 부으신다. 맥체인은 "예수 그리스도를 닮는 재능보다 탁월한 재능은 없다"고 말했다. 사역의 원리는 인격이다. 예수님의 인격을 닮아 가는 것보다 더 중요한 일은 없다.

거룩을 열망하자. 예수님을 닮은 거룩한 모습으로 사람들을 찾아가자. 죄로 깨진 그릇 같은 인생들을 다시 회복시키는 하나님의 거룩한 도구가 되자. 예수 그리스도를 닮아 가는 것을 최상의 목표로 삼자.

43_ 거룩한 영성은 일평생 쌓아 가는 것이다

> 예수님은 날마다 기도와 말씀 묵상이라는 거룩한 습관을 지키셨다.
> 구원은 은혜와 믿음으로 받지만 거룩은 영성 훈련으로 완성된다.

현대인에게 가장 무서운 병은 조급병이다. 칼 융은 "조급함은 마귀에게서 나온 것이 아니라 그 자체가 마귀다"라고 말했다. 사람들은 서서히 성장하는 것보다 급성장을 좋아한다. 급성장을 자랑거리로 삼는다.

그러나 결코 한순간에 이룰 수 없는 것이 있다. 바로, 거룩한 영성이다. 하나님은 귀히 쓰시길 원하는 사람마다 철저히 훈련시키셨다. 준비하는 데 많은 시간을 보내게 하셨다. 요셉을 보

라. 흠이 없어 보이는 요셉을 하나님은 정금같이 쓰시기 위해 13년 동안 종살이와 감옥살이를 하게 하셨다. 모세를 보라. 그를 훈련시키시기 위해 광야에서 40년을 보내게 하셨다. 하나님은 여호수아를 쓰시기 위해 모세의 시종으로 40년을 기다리게 하셨다.

첫 번째 아담은 태어날 때부터 성인이었다. 태어날 때부터 성인이었지만 성숙한 사람은 아니었다. 그는 쉽게 사탄의 유혹에 넘어갔다. 하나님의 말씀에 불순종했다. 하나님은 성장하는 과정 없이 창조된 첫 번 아담의 실패를 보시면서 마지막 아담이신 예수님을 아기로 태어나게 하셨다.

예수님은 어린 시절을 거치면서 서서히 성장하셨고, 성장을 넘어 성숙에 이르셨다. 하나님은 30년 동안 예수님을 준비시키셨다. 예수님은 고난을 통해 순종을 배우셨다(히 5:8). 첫 번째 아담은 고난을 통과하지 않았지만, 예수님은 고난을 철저하게 통과하심으로 하나님의 일을 이루셨다. 거룩함으로 훈련된 예수님은 사탄의 유혹을 이기셨고, 하나님께 죽기까지 순종하셨다.

이스라엘 첫 번째 왕 사울은 준비 과정 없이 왕이 되었다. 왕의 위치와 맞지 않는 미숙한 인격과, 왕의 품격과 맞지 않는 조급한 성품은 결국 그를 몰락의 길로 인도했다. 그래서 하나님은 두 번째 왕으로 다윗을 선택하셨을 때 철저히 준비시키시기로 계획하셨다. 어린 다윗이 기름 부음을 받던 날, 그에게는 고난이 기다리고 있었다. 다윗은 어린 목동에서 30세에 유다 왕이 되기까지 사울의 추적을 받으면서 광야와 굴에서 혹독한 훈련을 받으며 앞길을 준비해야 했다.

하나님은 존귀하게 쓰기로 작정하실수록 거룩한 삶을 위해 많은 준비를 시키신다. 어떤 버섯은 6시간이면 자란다. 호박은 6개월이면 자란다. 그러나 참나무는 6년이 걸리고, 건실한 참나무로 자태를 드러내려면 100년이 걸린다. 어떤 인물이 되고 싶은가를 결정해야 한다. 참나무와 같은 인물이 되어 하나님께 쓰임받기를 원한다면 조급해서는 안 된다. 바울은 "너희 속에 착한 일을 시작하신 이가 그리스도 예수의 날까지 이루실 줄을 우리가 확신하노라"(빌 1:6)고 말한다. 거룩함이 완성되는 날을 그리스도 예수의 날로 보았다.

예수님을 믿는 순간 우리는 거룩한 신분이 된다. 그러나 그 거룩을 완성하는 데는 평생이 걸린다. 하나님은 한 번 먹기만 하면 자동적으로 거룩해지는 약을 만들지 않으셨다. 거룩에는 지름길이 없다. 예수님의 생애를 관찰하라. 매일 매일 기도와 말씀 묵상이라는 거룩한 습관을 가지고 사셨다. 구원은 은혜와 믿음으로 받지만 거룩은 은혜의 수단인 영성 훈련으로 완성된다.

하나님만이 우리를 거룩하게 하실 수 있다. 그러나 우리의 소원과 헌신 없이 우리를 거룩하게 하시지는 않는다. 하나님은 우리 안에 거룩에 대한 소원을 두고 행하게 하신다(빌 2:13).

8부 성숙한 영성

영성이 깊어진다는 것은 영적 시력이 좋아진다는 것이다.
영적 시력이 좋은 사람은 큰 죄만 보는 것이 아니라 작은 죄도 본다.
작은 허물도 본다. 그래서 하나님의 은혜를 깨달으면 깨달을수록
자신이 큰 죄인임을 고백하게 된다.

44_ 영성이 깊어지면 자신의 진면모를 보게 된다

> 영성이 깊은 사람들은 자신의 죄를 누구보다도 통감하고 있다.
> 죄의 자각은 하나님의 은혜를 깨달은 은혜의 자각과 비례한다.

영성 생활은 예수님을 만나는 데서 출발한다. 하나님과의 만남은 인생의 전환점을 맞도록 도와준다. 하나님을 만남으로 받게 되는 가장 큰 복은 자신의 진면모를 발견하는 것이다.

자신의 진면모라는 것은 두 가지 차원에서 말할 수 있다. 먼저는 자신의 추한 모습을 발견하는 것이다. 그 다음은 하나님 안에서 무한한 가능성을 가진 자신의 아름다운 모습을 발견하는 단계로 발전한다.

이사야 선지자가 하나님을 만났을 때 그는 "화로다 나여 망하게 되었도다"(사 6:5)라고 고백했다. 자신의 입술이 얼마나 부정한가를 알게 되었던 것이다. 추한 자신의 모습을 깨달은 이사야는 인간의 의를 '헌옷' 과 같다고 기록했다.

베드로와 예수님과의 만남에서도 동일한 하나님의 역사를 본다. 깊은 데로 가서 그물을 내려 그물이 찢어질 만큼 고기를 잡은 베드로가 주님의 발 앞에서 한 고백은 "주여 나를 떠나소서 나는 죄인이로소이다"(눅 5:8)였다. 어떻게 보면 도저히 이해가 안 되는 장면이다. 고기를 많이 잡는 기적을 경험했으면 감사나 감탄을 해야 할 텐데 돌연 자신이 죄인임을 고백했으니 말이다.

영성이 깊은 사람들의 특징은 자신의 죄 된 모습을 누구보다도 통감하고 있다는 것이다. 그 깊이가 처음 주님을 만났을 때보다 강렬해지고 있다는 것이다.

믿음의 조상 아브라함이 소돔과 고모라를 위해 중보 기도 할 때 자신을 무엇이라고 말하고 있는가? '티끌' 과 같다고 자신을 묘사하고 있다(창 18:27). 사도 바울은 자신을 "죄인 중에 괴수"(딤전 1:15), "만삭 되지 못하여 난 자"(고전 15:8)와 같다고 고백한다. 바울의 경우를 보면 하나님과의 관계가 가까워질수록 그 자신의 적나라한 모습에 대한 자각이 더욱 깊어지고 있다.

영성이 깊어진다는 것은 영적인 시력이 좋아진다는 것이다. 주님은 "마음이 청결한 자는 복이 있나니 저희가 하나님을 볼 것임이요"(마 5:8)라고 말씀하셨다. 신앙생활이란 보는 것이다. 하나님을 보고, 자신을 보는 것이다.

하나님을 가까이하게 되면, 하나님의 빛을 통해서 자신의 어두운 부분이 더 밝게 조명되는 것을 보게 된다. 때문에 죄에 대해 더욱 민감해지고, 예민해지는 것이다. 자신의 모습이 얼마나 악한지 깨닫게 된다.

시력이 약한 사람은 정원을 가꿀 때 큰 돌만 치우게 된다. 그러나 시력이 좋은 사람은 정원에 깔려 있는 작은 돌까지 보고 치운다.

영적 시력이 약한 사람은 자신의 죄 된 모습 가운데서 큰 돌과 같은 굵은 것만 보게 된다. 한편 영적 시력이 좋은 사람은 큰 죄만 보는 것이 아니라 정원에 깔려 있는 작은 돌 같은 작은 죄까지도 본다. 작은 허물도 본다. 그래서 하나님의 은혜를 깨달으면 깨달을수록 자신이 큰 죄인임을 고백하게 된다. 그런 자신을 구원하시고, 의롭다 칭하신 하나님께 감사드린다. "죄가 더한 곳에 은혜가 넘쳤다"(롬 5:20)는 바울의 고백을 이해할 수 있게 된다.

죄의 자각은 하나님의 은혜를 깨달은 은혜의 자각과 비례한다. 하나님의 사람의 헌신은 죄의 크기보다는 깨달은 은혜의 감격으로 결정되는 것이다.

45_ 성숙한 영성은 인내로 측정된다

> 현재의 그 모습 그대로 용납하면서도, 끝없는 변화를 기대하며 인내하는 것이 사랑이다. 인내는 성숙한 영성의 표지이다.

한 사람의 영적 성숙을 무엇으로 측정할 수 있는가? 성경은 인내라고 말한다. 사도 바울은 사도됨의 표를 오래 참음으로 보았다. "사도의 표 된 것은 내가 너희 가운데서 모든 참음과 표적과 기사와 능력을 행한 것이라"(고후 12:12).

바울은 인내의 모범을 예수님께 배웠다. 자신이 긍휼을 입은 온전한 이유는 바로 주님께서 자신에 대해 오래 참으셨기 때문이라고 믿었다. 바울은 영의 아들 디모데에게 "그러나 내가 긍휼을 입은 까닭은 예수 그리스도께서 내게 먼저 일체 오래 참으심을 보이사 후에 주를 믿어 영생 얻는 자들에게 본이 되게 하려 하심이니라"(딤전 1:16)고 말한다.

바울은 그의 생애 마지막에 디모데에게 보낸 편지에서 특별히 인내할 것을 강조하고 있다. 디모데전·후서는 목회 서신이다. 그는 목회자의 가장 중요한 성품을 인내라고 말한다. 바울은 "그러므로 내가 택하신 자를 위하여 모든 것을 참음은…"(딤후 2:10), "참으면 또한 함께 왕 노릇 할 것이요…"(딤후 2:12)라고 권면한다. 주의 종이 된 디모데에게 "마땅히 주의 종은 다투지 아니하고 모든 사람을 대하여 온유하며 가르치기를 잘하며 참으며"(딤후 2:24)라는 말씀으로 가르치고 있다.

말씀을 가르치는 자나 복음을 전파하는 자에게 필요한 것은 인내이다. 바울은 거듭해서 디모데에게 "너는 말씀을 전파하라 때를 얻든지 못 얻든지 항상 힘쓰라 범사에 오래 참음과 가르침으로 경책하며 경계하며 권하라"(딤후 4:2)고 말한다.

왜 인내가 이토록 중요한가? 인내는 사랑의 본질이기 때문이다. 하나님이 사역자에게 찾으시는 것은 사랑이다. 왜냐하면 사랑은 모든 것을 참게 만드는 능력이기 때문이다. 인내하는 자는 사랑하는 자요, 사랑하는 자는 인내하는 자다. 사랑장(章)에서 바울은 사랑의 알파와 오메가를 오래 참음으로 보았다.

"사랑은 오래 참고…사랑은 모든 것을 견디느니라"(고전 13:4-7).

처음에 나오는 '오래 참음'은 사람을 향하여 참는 것이다. 나중에 나오는 '모든 것을 견딘다'는 것은 환경을 향하여 견디는 것이다. 인내는 사랑하는 대상에 대한 비전을 소유한 자의 특성이다. 사랑하는 사람의 변화에 대한 비전을 가진 사람은 그 대상을 향해 인내한다. 현재의 그 모습 그대로 용납하면서도, 끝없는 변화를 기대하며 인내하는 것이 사랑이다. 비전은 무서운 힘을 준다. 요셉이 모든 유혹을 이겨내고, 인내할 수 있었던 것은 꿈 때문이었다.

예수님도 인류 구원의 비전을 보셨기 때문에 십자가의 고난을 참으셨다. 또한 오병이어의 기적을 보고 억지로 왕을 삼으려는 사람들의 강권함을 물리치실 수 있었다. 주님의 삶 속에 나타난 인내는 비전과 연결되어 있다. 이와 관련하여 성경은 예수님이 "그 앞에 있는 즐거움을 위하여 십자가를 참으사 부끄러움을 개의치 아니하시더니"(히 12:2)라고 말한다. 부활의 비전, 영광의 비전을 보셨기 때문에 주님은 십자가를 참으실 수 있었다.

인내는 성숙한 영성의 표지이다. 인내를 이룬 사람은 조금도 부족함이 없는 사람이다. 야고보 사도는 "인내를 온전히 이루라 이는 너희로 온전하고 구비하여 조금도 부족함이 없게 하려 함이라"(약 1:4)고 말한다.

깊은 영성의 세계에 들어가는 사람에게 인내는 필수 과목이다. 인내가 거룩한 습관이 되어야 한다. 거룩한 취미가 되어야 한다. 인내를 이루자. 예수님을 생각하며 오래 참자.

46_ 영성 훈련의 최고봉은 절제다

> 인간 최대의 승리는 절제로 나를 이기는 것이다.
> 이기적인 나, 절망하는 나, 쉽게 포기하는 나, 인내하지 못하는 나를 이기는 것이다.

나는 영성의 최고봉을 절제라고 믿는다. 성령의 아홉 가지 열매 가운데서 제일 마지막이 절제다. 절제하는 영성은 성령의 통제 가운데서 경험하는 성령의 열매다.

절제는 자신을 정복하는 것이다. 자신을 다스리는 것이다. 오스왈드 샌더스는 "세상을 정복한 사람들은 세상을 정복하기 전에 먼저 자신을 정복한 사람들이다"라고 말했다. 남을 이기는 것은 쉬운 일이 아니다. 그러나 가장 어려운 것은 자신을 이기는 것이다. 노자는 "남을 이기는 자는 힘이 있다. 그러나 자기를 이기는 자는 강하다"고 말했다. 자기와 싸워 이길 수 있는 사람이 진정한 용사이다.

자기와의 싸움에서 승리자가 되어야 한다. 인간 최대의 승리는 나를 이기는 것이다. 이기적인 나, 절망하는 나, 쉽게 포기하고 싶어 하는 나, 인내하지 못하는 나를 이기는 것이다.

나를 정복하기 위해서는 나를 알아야 한다. 노자는 "남을 아는 것은 지자(智者)에 지나지 않는다. 그러나 자기 자신을 아는 것은 최상의 총명이다"라고 말했다.

어떻게 자신을 알 수 있는가? 하나님을 만날 때 비로소 자신을 알 수 있다. 이사야는 하나님을 만났을 때 자신의 더러운 모습을 발견했다. 베드로는 주님을 만났을 때 죄인임을 고백했다. 자신을 알기 위해 우리는 말씀 안에서 하나님을 만나야 한다. 말씀이신 하나님은 나를 비춰 주는 거울이다. 자신을 아는 데는 하나님이 주시는 총명이 필요하지만 자신을 이기는 데는 하나님이 부으시는 능력이 필요하다.

그렇다면 절제할 수 있는 능력은 어디서 오는가? 첫째는 성령님으로 말미암는다. 성령의 능력으로 절제하는 것이 가능하다. 우리 인간의 힘은 한계가 있다. 주님은 한 시간도 함께 기도하지 못하는 제자들에게 "마음에는 원이로되 육신이 약하도다"(마 26:41)라고 말씀하셨다. 그러나 제자들이 성령의 능력을 체험했을 때 그들은 달라졌다. 그들은 자신의 연약함을 극복할 수 있는 능력을 받았다. 우리는 늘 성령의 능력을 사모해야 한다.

둘째로, 절제할 수 있는 능력은 영적 훈련을 통해서 온다. 훈련은 힘이다. 훈련은 습관을 형성시켜 준다. 훈련된 병사들은 어떤 환경 아래서도 임무를 훌륭하게 수행한다. 환경을 초월할 수 있는 능력이 있다. 운동선수들도 훈련이 필요하다. 키가 크고 몸이 건강하다고 탁월한 선수가 되는 것이 아니다. 한 선수의 탁월함은 극기하는 훈련에 의해 결정된다.

사도 바울은 "이기기를 다투는 자마다 모든 일에 절제하나니 저희는 썩을 면류관을 얻고자 하되 우리는 썩지 아니할 것을 얻고자 하노라"(고전 9:25)고 말한다. 영적 전쟁에서 승리하고, 인생의 전쟁에서 승리하는 길은 절제다.

바울은 이 일을 위해 "내 몸을 쳐 복종하게"(고전 9:27) 한다고 말한다. 또 "형제들아 내가 그리스도 예수 우리 주 안에서 가진

바 너희에게 대한 나의 자랑을 두고 단언하노니 나는 날마다 죽노라"(고전 15:31)고 말한다. 이것이 절제하는 삶의 비결이다. 날마다 죽는 것이다. 날마다 자기를 부인하는 것이다.

예수님은 제자도의 길을 추구하는 사람들에게 "또 무리에게 이르시되 아무든지 나를 따라오려거든 자기를 부인하고 날마다 제 십자가를 지고 나를 좇을 것이니라"(눅 9:23)고 말씀하신다.

자신을 부인할 수 있는 용사가 되자. 자신을 다스리는 용사는 강하다. "노하기를 더디 하는 자는 용사보다 낫고 자기의 마음을 다스리는 자는 성을 빼앗는 자보다 나으니라"(잠 16:32).

47_ 성숙한 사람은 언어에 능하다

> 언어에 능한 성숙한 사람이 되려면 마음 관리를 잘해야 한다.
> 마음 관리를 잘하려면 읽는 것, 보는 것, 듣는 것, 교제할 대상을 잘 선택해야 한다.

야고보 사도는 말에 실수가 없는 사람을 성숙한 사람이라고 했다. "우리가 다 실수가 많으니 만일 말에 실수가 없는 자면 곧 온전한 사람이라 능히 온 몸도 굴레 씌우리라"(약 3:2). 영적으로 성숙한 사람은 언어에 능하다.

누가복음을 읽으며 묵상하던 중에, 예수님이 인격만 탁월하신 분이 아니라 말과 일에 능하셨다는 말씀 앞에 한참을 머물러 있었다. 엠마오로 가는 두 제자가 예수님에 대해 "…가로되 나사렛 예수의 일이니 그는 하나님과 모든 백성 앞에서 말과 일에 능하신 선지자여늘"(눅 24:19)이라고 말한다. 진정한 영성은 인격과 말과 일이 조화를 이룬다.

예수님은 언어에 능하셨다. 언어에 실수가 없으셨다. 예수님은 "내가 자의로 말한 것이 아니요 나를 보내신 아버지께서 나의 말할 것과 이를 것을 친히 명령하여 주셨으니"(요 12:49)라고 말씀한다. 하나님 아버지는 예수님께 무엇을 말할 것과 어떻게 말할 것과 언제 말할 것을 가르쳐 주셨다. 예수님은 항상 하나님 아버지의 음성을 따라 말씀하셨다.

언어가 성숙하려면 성령 충만한 삶을 살아야 한다. 성령의 충만을 받게 되면 우리의 언어가 달라진다. 성령님은 해야 할 말을 주신다. 예수님은 제자들에게 "너희를 넘겨줄 때에 어떻게 또는 무엇을 말할까 염려치 말라 그때에 무슨 말 할 것을 주시리니 말하는 이는 너희가 아니라 너희 속에서 말씀하시는 자 곧 너희 아버지의 성령이시니라"(마 10:19-20)고 가르치셨다.

초대 교회의 역사는 오순절에 성령이 말하게 하심을 따라 말함으로 시작되었다. 누가는 "저희가 다 성령의 충만함을 받고 성령이 말하게 하심을 따라 다른 방언으로 말하기를 시작하니라"(행 2:4)고 오순절 사건을 기록하고 있다. 초대 교회 집사 가운데 가장 영성이 탁월한 인물은 스데반이다. 누가는 그의 영성을 "스데반이 지혜와 성령으로 말함을 저희가 능히 당치 못하여"(행 6:10)라고 기록한다. 그는 지혜와 성령으로 말할 줄 아는 사람이었다.

언어에 능한 성숙한 사람이 되려면 또한 마음 관리를 잘해야 한다. 마음에 가득 찬 것이 말로 나오기 때문이다. 예수님은 "독사의 자식들아 너희는 악하니 어떻게 선한 말을 할 수 있느냐 이는 마음에 가득한 것을 입으로 말함이라 선한 사람은 그 쌓은 선에서 선한 것을 내고 악한 사람은 그 쌓은 악에서 악한 것을 내느니라"(마 12:34-35)고 말씀하신다.

마음에 선한 것을 쌓으려면 읽는 것, 보는 것, 그리고 듣는 것을 주의해야 한다. 또한 함께 교제할 대상을 잘 선택해야 한다. 우리는 보고 들은 것을 말하지 않을 수 없기 때문이다(행 4:20). 바울도 "속지 말라 악한 동무들은 선한 행실을 더럽히나니"(고전 15:33)라고 가르친다.

언어에 실수가 없으려면 침묵하는 훈련을 겸해야 한다. 침묵 속에서 우리는 혀를 재갈 먹일 수가 있다. 피타고라스는 "침묵하라. 그렇지 않으면 침묵보다 나은 말을 하라"고 했다.

그러나 침묵만이 해결책은 아니다. 필요할 때는 말해야 한다. 바울은 "너희 말을 항상 은혜 가운데서 소금으로 고르게 함 같이 하라 그리하면 각 사람에게 마땅히 대답할 것을 알리라"(골 4:6)고 권면한다. 소금은 너무 많이 치면 짜고, 너무 적게 치면 맛이 나지 않는다. 바울이 은혜 가운데서 소금으로 고르게 함 같이 말하라는 것은 균형을 이루라는 것이다.

침묵과 표현의 균형, 격려와 책망의 균형이 적절하게 조화될 때 성숙한 그리스도인이 된다.

48_ 자족은 성숙한 영성의 표다

> 끝이 없는 인간의 욕심이 끝을 경험할 수 있는 길이 있다.
> 끝이 없는 하나님의 사랑을 만나는 것이다. 그때 인간은 자족을 맛보게 된다.

성숙한 하나님의 사람들의 특징은 자족하는 삶에 있다. 다윗은 "내 잔이 넘치나이다"(시 23:5)라고 노래했다. 여호와를 목자로 모셨기 때문에 그는 잔이 넘치는 충만함을 경험했다. 그의 만족은 왕이라는 위치, 물질의 부요, 전쟁의 승리에서 비롯된 것이 아니었다. 오직 하나님께로부터 온 것이었다.

바울도 자족하는 사람이었다. 바울은 "내가 궁핍하므로 말하는 것이 아니라 어떠한 형편에든지 내가 자족하기를 배웠노니 내가 비천에 처할 줄도 알고 풍부에 처할 줄도 알아 모든 일에 배부르며 배고픔과 풍부와 궁핍에도 일체의 비결을 배웠노라"(빌 4:11-12)고 말한다. 이 말씀을 통해서 받는 충격은 바울이 자족하는 비결을 '배우고 터득했다'는 것이다. 예수님을 만나서 저절로 자족하게 된 것이 아니라 자족하는 비결을 배우고 훈련했다는 것이다.

원죄를 타고 태어난 인간은 본래 자족할 수 있는 존재가 아니다. 인간의 욕심에는 끝이 없다. 에덴동산에서 살던 아담과 이브는 무엇을 탐냈는가? 하나님이 금하신 한 가지 즉 선악과를 탐냈다. 하나님의 것까지 탐내는 것이 인간이다. 인간이 소유한 욕망의 그릇은 너무 크다. 그래서 인간의 욕망은 이 세상에 모든 것을 다 가져다가 부어도 채울 수 없다. 인간이 천하보다 크기 때문이다.

만족함이 없는 인간의 모습을 잠언은 다음과 같이 기록하고 있다. "음부와 유명은 만족함이 없고 사람의 눈도 만족함이 없느니라"(잠 27:20). "거머리에게는 두 딸이 있어 다고 다고 하느니라 족한 줄을 알지 못하여 족하다 하지 아니하는 것 서넛이 있나니 곧 음부와 아이 배지 못하는 태와 물로 채울 수 없는 땅과

족하다 하지 아니하는 불이니라"(잠 30:15-16). 이 말씀을 통해 인간은 족할 줄 모르는 존재라는 것을 알게 된다.

사람에게 불만이 있다는 것은 다 차지 않았다는 것이다. 컵에 물이 가득 차지 않은 상태라 할 수 있다. 그렇다면 어떻게 인간이 차고 넘치는 충만을 경험할 수 있는가? 인간의 욕망보다 더 크신 분을 모실 때 가능하다. 천하보다 더 크신 분이 우리 안에 들어오실 때 인간은 만족을 경험하게 된다.

그분은 누구신가? 예수님이시다. 예수님 안에는 하나님의 모든 충만이 가득 차 있다(골 1:19). 만물을 충만케 하실 수 있는 분이 예수님이시다(엡 1:23). 그래서 예수님을 만난 사람들은 자족하는 은혜를 경험케 된다.

성경을 보면, 끝이 없는 것이 두 가지 있다. 하나님의 사랑이 끝이 없고, 인간의 욕심이 끝이 없다. 그런데 끝이 없는 인간의 욕심이 끝을 경험할 수 있는 길이 있다. 끝이 없는 하나님의 사랑을 만날 때다. 그때 인간은 자족을 맛보게 된다.

그런데 예수님을 영접한 그리스도인들 가운데서도 자족하지 못하는 사람들이 많이 있다. 예수님이 아닌 것으로 만족을 찾기 때문이다. 세상을 사랑하고, 세상에 있는 것들을 사랑하기 때문이다. 오펜하이머는 "미련한 자는 먼 곳에서 행복을 찾고 현명한 자는 자기 발밑에서 행복을 찾는다"고 말했다. 그리스도인의 만족은 먼 곳에 있는 것이 아니라 우리 안에 계시는 예수님께 있다.

만족의 원천 되시는 예수님을 계속해서 바라보라. 그리스도 안에서 누리는 자족에 도전하는 어려운 환경, 복잡한 인간관계, 세상 염려를 넘어서서 오직 예수님 안에 살며 예수님으로 만족하라.

49_ 예수님처럼 마음을 넓히라

> 예수님을 닮아 마음이 넓어질수록 자기와 다른 사람들을 용납하고, 이해하고, 그들의 다른 점들을 오히려 사랑하게 된다.

영성 훈련 가운데 가장 힘든 것이 있다면 마음을 넓히는 것이다. 어떻게 마음을 넓힐 수 있는가? 하나님의 은혜로 가능하다. 성경은 "하나님이 솔로몬에게 지혜와 총명을 심히 많이 주시고 또 넓은 마음을 주시되 바닷가의 모래같이 하시니"(왕상 4:29)라고 기록하고 있다. 하나님이 솔로몬에게 지혜를 주셨을 뿐만 아니라 넓은 마음도 주셨다.

어떤 사람은 태어날 때부터 마음이 넓은 사람이 있다. 그것은 다만 은혜에 속한 영역이다. 그렇다면 마음이 좁은 사람이 마음을 넓힐 수 없는가? 마음을 넓힐 수 있다. 마음의 크기를 숙명론적으로 생각해서는 안 된다. 사도 바울은 고린도 교인들에게 "내가 자녀에게 말하듯 하노니 보답하는 양으로 너희도 마음을 넓히라"(고후 6:13)고 권면한다. 바울의 권면을 통해 하나님의 은혜 가운데 마음을 넓힐 수 있는 길이 있다는 것을 알 수 있다.

그렇다면 먼저, 좁은 마음과 넓은 마음을 어떻게 분별할 수 있는가? 그것은 다른 사람들을 향한 반응에 의해 분별할 수 있다. 다른 사람들을 대하는 태도를 보면 그 사람의 마음의 크기를 알 수 있다.

프레드 스미스는 "미숙한 사람은 자기와 닮은 사람만 좋아하고, 성숙한 사람은 자기와 다른 사람을 좋아한다"고 말했다. 마음의 크기에 따라 자기와 닮은 사람만을 좋아하는 사람과, 자기와 다른 사람까지도 좋아하는 사람으로 분별된다. 우리는 자기와 다른 사람을 틀렸다고 생각한다. 그러나 다른 것이 틀린 것은 아니다. 그저 다를 뿐이다.

마음이 넓은 성숙한 사람은 다른 사람들의 특성을 좋아한다.

다른 것을 통해서 배운다. 다른 것을 통해서 더 아름다운 하모니를 이뤄 나간다. 마음이 넓어질수록 우리는 자기와 다른 사람들을 용납하고, 이해하고, 그들의 다른 점들을 사랑하게 된다.

마음의 크기를 분별할 수 있는 또 하나의 길은 다른 사람들이 자신을 대하는 태도에 대해 어떤 반응을 보이느냐로 알 수 있다. 옹달샘에 돌을 던지면 쉽게 파장이 인다. 그러나 넓은 바다에 돌을 던지면 거의 파장이 일지 않는다. 작은 그릇에 물을 끓이면 쉽게 끓는다. 그러나 큰 그릇에 물을 담아 끓이면 시간이 걸린다.

사실 어떤 의미에서 마음의 크기는 누구 때문에 분노하며, 무엇 때문에 분노하느냐에 따라 결정된다. 또 얼마나 빨리 분노하느냐에 따라 그 사람의 마음의 크기가 결정된다.

좁은 마음의 특성은 이기심에 있다. 자기 유익만을 생각한다. 다른 사람의 유익을 생각하지 않는다. 무슨 일을 만나든 자기에게 유익한가, 유익하지 않은가를 생각한다. 자기에게 유익하지 않으면 쉽게 분노한다.

그러면 어떻게 마음을 넓힐 수 있는가? 그것은 넓은 마음을 소유하신 예수님의 마음을 품는 것이다. 예수님의 마음을 배우는 것이다. 예수님은 자신을 위해 분노하신 적이 없다. 사도 바울도 마찬가지다. 하나님의 사람들은 자신을 심각하게 생각하지 않았다. 오직 하나님과 하나님의 말씀만 심각하게 생각했다.

예수님의 제자들도 처음에는 마음이 작았다. 그러나 성령 충만을 받은 다음 그들은 변화되었다. 인종과 지역과 전통을 넘어서 예수님의 마음을 품은 사람이 되었다. 복음을 위해 모든 사람을 품는 넓은 마음의 소유자가 되었던 것이다.

예수님의 마음을 품고, 성령 충만한 삶을 살자. 마음을 넓히자.

50_ 모든 사람을 품으라

> 영성이 깊어 갈수록 사람을 비판하고, 구별하고, 정죄하기보다는
> 모든 사람을 품는 예수님의 품을 갖게 된다.

바울은 "너희 안에 이 마음을 품으라 곧 그리스도 예수의 마음이니"(빌 2:5)라고 말한다. 예수님의 마음을 품는다는 것은 무엇을 의미하는가? 예수님의 마음은 어떤 마음인가?

예수님은 "나는 마음이 온유하고 겸손하니 나의 멍에를 메고 내게 배우라 그러면 너희 마음이 쉼을 얻으리니"(마 11:29)라고 말씀하신다. 예수님의 마음은 온유하고 겸손한 마음이다. 예수님의 마음을 배우고, 주님의 품에 안길 때 우리 마음이 쉼을 얻게

된다. 참된 안식을 누리게 된다.

　예수님의 마음은 온유한 마음이다. 온유한 마음은 모든 사람을 품을 수 있는 마음이다. 부드러운 마음이다. 부드럽지만 강한 마음이다. 부드러운 실크와 같다. 부드러운 것은 유연하다. 온유한 마음은 따뜻한 마음이다. 따뜻한 것은 살린다. 따뜻한 것은 살아 있다는 증거다. 어린아이들을 보라. 건강한 육체를 보라. 부드럽다. 그리고 따뜻하다. 그러나 나이가 들수록 딱딱해진다. 차가워진다. 무덤으로 갈 날이 가까워 올수록 차가워진다.

　공동체도 마찬가지다. 살아 있는 공동체는 따뜻하다. 부드럽다. 유연하다. 은혜가 있다. 모든 사람을 품에 안는다. 그러나 죽어 가는 공동체는 차갑다. 딱딱하다. 모든 것이 경직되어 있다. 여유가 없다. 긴장뿐이다. 법으로 움직인다. 사람들을 선을 긋고 구별한다.

　사람들은 온유한 마음을 소유한 사람의 품에 안긴다. 어떤 사람이든 이 따뜻한 품에 안기면 변화된다. 딱딱한 달걀도 품으면 병아리가 된다. 그 병아리가 커서 닭이 되어 무수히 많은 달걀을 낳는다. 그러나 달걀을 품지 않고 깨뜨리면 한 번 먹고 마는 계란에 불과하다.

　예수님은 온유한 마음으로 모든 사람을 품으셨다. 세리도, 창기도, 죄인도, 가난한 자도, 부자도, 무식한 사람도, 그리고 유식한 사람도 품으셨다. 예수님의 따뜻한 품에 안긴 사람들은 변화되었다. 딱딱한 달걀 같은 사람들도 예수님의 품에 안기는 순간 병아리가 알을 깨고 나오듯이 새롭게 태어났다. 영성이 깊어 갈수록 사람을 비판하고, 구별하고, 정죄하기보다 모든 사람을 품는 예수님의 품을 갖게 된다.

　예수님의 마음은 겸손한 마음이다. 겸손한 마음은 낮은 데로 임하는 마음이다. 가장 낮은 데 있는 것이 모든 것을 다 품는다. 대지를 보라. 대지는 가장 낮은 곳에서 겸손하게 모든 것을 다 품는다. 모든 만물을 품는 것이 바로 대지이다.

　대지가 품으면 생명을 창조해 낸다. 더러운 오물도 품고, 떨어지는 낙엽도 품는다. 그 대지는 농부가 뿌리는 씨앗을 품고, 과수원지기가 심은 나무를 품어 생명을 창조해 낸다. 그리고 아름다운 꽃을, 축복된 과실을 맺는다. 예수님은 대지와 같은 분이시다.

　바다를 보라. 바다는 모든 강들보다 가장 낮은 데 있다. 바다는 깨끗한 것도, 더러운 것도 다 받아들인다. 그리고 변화시킨다. 바다에는 여러 종류의 고기가 있다. 모든 것을 다 품는 것이 바다다. 예수님은 바다 같은 분이시다. 가장 낮은 데서 모든 사람을 다 품으셨다.

영성이 깊다는 것은 바로 대지처럼, 바다처럼 낮은 데 임하여 모든 사람을 품는 것이다.

51_ 편안한 삶보다 풍성한 삶을 추구하라

**인생은 속도나 길이가 아닌 내용으로 평가된다.
삶의 내용에 관심을 가지라. 편안하지 않아도 풍성한 삶이라면 그 길을 선택하라.**

예수님은 우리에게 결코 편안한 삶을 약속하신 적이 없다. 다만 풍성한 삶을 약속하셨다. 예수님은 "내가 온 것은 양으로 생명을 얻게 하고 더 풍성히 얻게 하려는 것이라"(요 10:10)고 말씀하셨다. 인간의 행복은 편안한 삶에 있지 않다. 인간의 행복은 보람에 있고 의미 있는 삶을 추구하는 데 있다.

예수님은 인간이 추구하는 행복의 모델이시다. 예수님은 태어나실 때부터 불편한 삶을 사셨다. 하늘나라를 떠날 때 편안을 포기하셨다. 마구간에 태어나시고, 애굽으로 피신을 가셨다가 나사렛 동네에서 성장하셨다. 예수님이 어디를 가시든지 예수님을 좇겠다고 말한 사람에게 주님은 "…여우도 굴이 있고 공중의 새도 집이 있으되 인자는 머리 둘 곳이 없도다"(눅 9:58)라고 말씀하셨다. 예수님은 공생애 기간 동안 잠시도 쉴 시간이 없을 만큼 곤궁에 처한 사람들을 돌보아 주셨다.

그러나 주님은 기쁨으로 충만하셨다. 사람들을 구원하는 기쁨, 사람들을 치유하는 기쁨, 사람들을 사랑하는 기쁨으로 충만하셨다. 사람들을 키우는 기쁨으로 충만하셨다.

어느 날 말씀을 묵상하다가 하나님의 부름을 받은 사람들의 특징은 편안한 보금자리를 떠난 사람들이라는 사실을 깨달았다. 마치 어미 독수리가 새끼들을 훈련시키기 위해 보금자리를 흩뜨리는 것처럼 하나님의 사람들은 하나님의 선택을 받고, 축복을 받은 다음에 보금자리를 흐으시는 하나님의 역설적인 은혜를 맛보아야 했다.

하나님이 아브라함을 부르셨을 때, 그에게는 갈대아 우르를 떠나는 나그네 길이 기다리고 있었다. 하나님이 요셉에게 꿈을 주셨을 때 그에게는 애굽의 종살이, 감옥살이가 기다리고 있었다.

다윗이 사무엘에게서 기름 부음을 받아 왕으로 부름받았을 때, 다윗을 기다리고 있었던 것은 사울의 끝없는 추적이었다. 제자들이 예수님의 부름받았을 때, 그들을 기다리고 있었던 것은 배와 부친을 버려두고 주님을 좇아가는 것이었다. 그리고 생애 마지막은 요한을 빼놓고 모두 순교자의 길을 가야 했다. 바울이 다메섹 도상에서 부름받았을 때, 바울을 기다리고 있는 것은 고난이었다(행 9:15-16).

그러나 하나님이 선택하신 사람들의 생애는 비록 불편했지만 그들은 하나님의 목적을 이루어 드리는 풍성한 삶을 살았다.

불편함이 불행한 것은 아니다. 편안함이 행복을 보장해 주지는 않는다. 느헤미야는 불편한 길을 형통이라고 믿었던 사람이다. 안락한 수산 궁에서 예루살렘 성이 훼파되고, 성문들이 소화되었다는 소식을 듣고 울며 금식하던 느헤미야가 "…오늘날 종으로 형통하여 이 사람 앞에서 은혜를 입게 하옵소서…"라는 기도를 드렸다(느 1:11). 느헤미야의 형통은 편안한 왕궁을 떠나서 불편하고 고통스러운 예루살렘 성벽을 재건하는 일이었다. 그의 형통은 편안함에 있지 않았다. 불편하지만 하나님이 맡기신 사명을 이루는 것을 형통으로 생각했다.

인간의 행복은 풍성한 삶에 있다. 풍성한 삶은 사명을 위해 사는 삶이다(행 20:24). 남을 섬기며 사는 삶이다. 목적 있는 인생을 사는 삶이다(막 10:45).

한 사람의 인생은 길이가 아닌 내용으로 평가된다. 길이와 속도에 집착하지 말라. 오히려 삶의 내용에 관심을 가지고 살라. 편안하지 않아도 풍성한 삶이라면 그 길을 선택하라. 불편한 삶이 풍성한 삶으로 가는 정로임을 기억하라(마 7:13-14).

52_ 탁월한 영성을 유지하는 영적 원리

영성의 길은 속도가 중요하지 않다. 치우침 없는 걸음으로 정로를 가는 것이 중요하다. 그리고 마지막까지 잘 달려가는 것이 중요하다

영성을 쌓는 것은 쉬운 일이 아니다. 성숙한 영성은 하나님의 은혜 아래서 성령님의 도우심을 따라 바울처럼 자신을 쳐서 복종시키는 끊임없는 훈련을 통해서 이룩된다.

죄를 미워하고, 거룩을 열망하는 삶을 추구하고, 인격적 성숙과 함께 사역에도 균형을 이루어야 한다. 단지 성숙이 목표가 아니라 예수님의 증인의 삶을 사는 것이 최종 목표다. 인격적인 성숙은 사역을 위한 도구가 되어야 한다. 영성 훈련에만 삶을

집중하거나, 영혼 관리를 하는 데 시간을 다 보낸다면 그 목표를 상실하고 만 것이다. 영혼 관리는 하나님의 사역을 위한 준비인 것이다. 인격을 과시하거나 영성을 자랑하는 것은 영성이 추구하는 바를 알지 못할 때 일어나는 미숙함의 소치이다.

탁월한 영성을 추구하는 사람은 그 탁월함을 계속 유지하는 영적 원리를 배워야 한다. 영성을 쌓는 것은 어려운 작업이다. 그런데 그렇게 힘들게 쌓은 영성이 쉽게 무너질 수 있다는 사실을 명심해야 한다. 바울은 "그런즉 선 줄로 생각하는 자는 넘어질까 조심하라"(고전 10:12)고 권면한다. 사탄의 유혹은 평생 동안 계속된다. 다만 유혹의 내용이 다를 뿐이다. 예수님을 시험했던 "마귀가 모든 시험을 다한 후에 얼마 동안 떠나니라"(눅 4:13)고 기록한 말씀을 늘 기억해야 한다. 그렇다면 탁월한 영성을 유지할 수 있는 영적 비결은 무엇인가?

첫째, 정로로 걸어가야 한다. 하나님은 여호수아에게 "좌로나 우로나 치우치지 말라 그리하면 어디로 가든지 형통하리니"(수 1:7)라고 말씀하셨다. 치우침이 없는 걸음으로 가야 한다. 성경은 "내 아들아 너는 듣고 지혜를 얻어 네 마음을 정로로 인도할지니라"(잠 23:19)고 말한다. 정로로 간다는 것은 좁은 문으로 가는 것이다. 예수님은 "좁은 문으로 들어가라 멸망으로 인도하는 문은 크고 그 길은 넓어 그리로 들어가는 자가 많고 생명으로 인도하는 문은 좁고 길이 협착하여 찾는 이가 적음이니라"(마 7:13-14)고 말씀하셨다. 하나님의 사람들은 쉬운 길보다는 어려운 길을 가야 한다. 넓은 길보다는 좁은 길을 가야 한다. 그 길이 십자가의 길이다.

둘째, 예수님 안에 항상 거해야 한다. 우리의 목표는 그리스도다. 예수님을 떠나서는 아무것도 할 수 없다. 바울의 말처럼, 본 것을 의지하거나 금욕주의에 빠져서는 안 된다. 영성 훈련이라는 이름 아래 율법으로 돌아가서는 안 된다. 자의적 숭배나 겸손과, 몸을 괴롭게 하는 것을 목표로 삼아서는 안 된다(골 2:19, 21-23). 우리는 머리 되신 예수님을 항상 붙들어야 한다. 예수님 안에 거하고(요 15:5), 예수님을 깊이 생각하고(히 3:1), 예수님을 항상 바라보아야 한다(히 12:2).

셋째, 성령 충만한 삶을 살아야 한다(엡 5:18). 예수님을 닮아 가는 목표는 성령님의 도우심 없이는 성취 불가능하다. 예수님의 형상을 닮아 가는 것은 주의 영으로 말미암는 것이다(고후 3:18).

성령님은 자유케 하시는 영이다. 성령님과 함께 영성 훈련을 할 때 자유함이, 춤이, 그리고 기쁨이 넘치게 된다. 성령님을 좇아 행할 때 육신의 욕심을 이루지 아니한다(갈 5:16). 성령 충만한 삶은 곧 말씀 충만한 삶이다(골 3:16). 예수님의 말씀은 곧 영이요, 생명이다(요 6:63).

넷째, 날마다 자기를 부인하고 주님을 좇아가야 한다. 예수님은 제자가 되기를 원하는 사람들에게 "아무든지 나를 따라오려거든 자기를 부인하고 날마다 제 십자가를 지고 나를 좇을 것이니라"(눅 9:23)고 말씀하셨다. 여기서 중요한 단어는 "날마다"이다. 예수님의 길을 좇아가는 것은 날마다 자기를 부인하는 것이다. 바울은 "나는 날마다 죽노라"(고전 15:31)고 말했다. 바울의 탁월한 영성의 비결은 날마다 죽는 데 있었다. 화초를 기르는 정원은 하루만 가꾸지 않아도 잡초가 생긴다. 우리 마음도 마찬가지다. 하루하루의 영성 훈련을 게을리 하지 말아야 한다.

다섯째, 사탄과의 영적 전쟁을 위해 항상 깨어 있어야 한다. 방심은 금물이다. 베드로 사도는 "근신하라 깨어라 너희 대적 마귀가 우는 사자같이 두루 다니며 삼킬 자를 찾나니"(벧전 5:8)라고 권면한다. 베드로는 예수님을 세 번 부인하면서 사탄의 유혹이 얼마나 무서운 것인지를 경험했다. 때문에 항상 깨어 있을 것을 부탁한다. 바울도 매일 하나님의 전신갑주로 무장할 것을 권면한다(엡 6:10-17). 무시로 성령 안에서 깨어 기도하는 것이 승리의 비결이다.

여섯째, 사랑의 동기로 하나님과 사람을 섬겨야 한다. 예수님은 우리가 지켜야 할 계명을 한마디로 하나님 사랑과 이웃 사랑으로 요약하셨다(마 22:37-40). 제자의 표는 사랑이다(요 13:34-35). 바울은 사랑이 없으면 아무것도 아니라고 했다(고전 13:1-3). 지식도, 지혜도, 깨달음도 그리고 깊은 영성도 사랑이 없으면 아무것도 아니다. 아무 유익이 없다. 사랑할 때 인내한다. 사랑할 때 모든 것을 견딜 수 있다.

일곱째, 영성 관리와 사역에 균형을 이뤄야 한다. 죄를 비우고 말씀을 채워야 한다. 말씀을 채운 다음에는 나누어 줌으로써 비워야 한다. 말씀을 비우고 나누는 순간 말씀은 더 풍성해진다. 영성에서 제일 중요한 것은 균형임을 거듭 강조하고 싶다. 사역은 예수님을 닮아 가는 인격에서 나온다. 그러나 인격 자체가 목표는 아니다. 인격을 통해 사역이 흘러나오도록 해야 한다. 사역을 목표로 하지 않은 인격은 액세서리가 될 수 있다. 초대 교회가 이룩했던 세계 복음화 사역은 사도들의 인격으로 이룩된 것이 아니다. 비록 그들이 예수님을 통해 변화된 사람들이었지만 여전히 미숙한 모습을 가지고 살았다. 세계 복음화의 역사는 성령의 능력과 영적 대결을 통해서 이뤄졌다. 인격은 성령의 능력을 담는 그릇이 되며, 사역의 기초가 되지만 인간의 인격에는 한계가 있다. 때문에 항상 성령을 의지하고, 예수님의 보혈과 예수님의 의를 힘입어야 한다. 예수님의 이름의 권세를 가지고 사역에 임해야 한다.

예수님을 닮아 가는 삶은 우리가 평생 동안 하나님의 은혜 아래서 추구해야 할 목표이다. 바울의 목표는 오직 예수 그리스도였다. 예수님을 닮아 가는 삶을 살았던 바울이지만 "내가 이미 얻었다 함도 아니요 온전히 이루었다 함도 아니라 오직 내가 그리스도 예수께 잡힌 바 된 그것을 잡으려고 좇아가노라"(빌 3:12)고 고백했다. 바울은 사명을 위해 살았다. 예수님께 받은 사명, 은혜의 복음을 증거하는 일을 마치려 함에는 생명을 조금도 귀한 것으로 여기지 않았다(행 20:24).

영성의 길은 속도가 중요한 것이 아니다. 치우침이 없는 걸음으로 정로를 가는 것이 중요하다. 그리고 바울처럼 마지막까지 잘 달려가는 것이 중요하다(딤후 4:7).